THE教師力ハンドブックシリーズ

自治的
集団づくり入門

takashi matsushita 松下 崇 著

明治図書

はじめに

　2000年を過ぎた頃から,「学級崩壊」という言葉をよく耳にするようになり,メディアでも多く取り上げられるようになってきました。多くの教師が「学級崩壊」を目の当たりにし,またそれに対する対策も多く発信された現在,ひと昔前のように「社会現象」としてとらえられることがなくなってきたように思います。もしかしたら,すでに「学級崩壊」という状態が,特別な状態と感じられなくなっているのかもしれません。

　今,書店の教育書コーナーに行くと,「誰でも上手くいく」「子どもたちがまとまる」「子どもたちが思い通りに動く」など,教師の「意のままに動く」ことをテーマにした本が多く見受けられます。「学級崩壊」というキーワードが及ぼしている影響と考えていいでしょう。また,「学力向上」というスローガンのもとに,教科教育に焦点化した本,とりわけ「アクティブ・ラーニング」をテーマにした書籍もまた,多く出版されてもいます。

　そんな現状が象徴するように,現場教師は,教育の第一の目的から離れ,「自分の思い通りに動き」「学力を上げていく」子どもを,強く好むようになっているように感じています。

　視点を変え,社会の情勢はどうかと言えば,「交通やネットワークの発達による世界の縮小」「人工知能の発達」「環境問題」「国際情勢の緊迫」など,より複雑さを増しています。これからの未来を創る人間に求められるのは,「上司に文句を言

わず，指示通り猛烈に動く力」ではなく，「自ら考え，行動し，他者と問題を解決できる力」であると，私は考えています。

これは，日本の教師が「昔から大切にしてきた力」であると思います。そして，近年，後回しにされ，忘れ去られている力でもあるのではないでしょうか。

しかし，食事でもしながら教育について語り合うと，「自分で考え，行動できる姿」「友達と協力して取り組む姿」を目指していると，多くの教師が語ります。

現場教師一人一人は，「自ら考え，行動し，他者と問題を解決できる力」を育てたいと強く願っていると感じています。

では，なぜ多くの現場教師が願っているにもかかわらず，その考えが広まっていっていないのかと言えば，それは教科教育にばかり気を取られ，子どもたちを自立させるという視点で，方法を議論してこなかったからだと思います。

本書はそんな現場教師の声に応えるべく，『自治的集団づくり入門』と銘打ち，「自ら考え，行動し，他者と問題を解決できる力」をどのようにして育てていけばいいか，その足掛かりを示しました。自治的集団づくりにこれから取り組もうとされる方の第一歩に，またこれまで自治的集団づくりをされてきた方がご自身の実践を振り返り，今後の実践がさらに深まればと思います。

松下　崇

目 次

はじめに

第1章 自治的集団づくりについて考えよう

1 それって本当に自治的集団!? ……………………………………………… 10
　(1) 「子どもたちを自立へと導いている」≒すごい先生 ………………… 10
　(2) 自治的集団づくりは，子どもたちを様々な場面で活躍させることが
　　　できる指導方法 ……………………………………………………… 11
　(3) 自治的集団づくりって何!? …………………………………………… 13
　(4) 今どきの子どもたちの意識って？　子どもたちが社会を自分たちで
　　　変えていこうとする意識を育てる …………………………………… 17
　(5) 自治的集団づくりの前提条件!?　4つのチェックポイント ………… 19
　(6) どうやって指導するの？　自治的集団づくりの指導方法 ………… 24

第2章 子どもが積極的に問題を発見する力を育てる

1 問題発見場面で育てる力 …………………………………………………… 28
　(1) 問題を発見した子どもが教師や友達を救う ………………………… 28
　(2) 問題を発見する力≒新たな視点を手に入れる力 …………………… 29
　(3) 問題を発見する力を育てるポイント ………………………………… 30

2 【ワーク集】生活場面で育てる問題発見の力 …………………………… 32
　(1) ここが問題だ！　帰りの会で問題を共有しよう！ ………………… 32
　(2) あっ！それって!? を書き留める日記指導 …………………………… 34
　(3) 自分たちで見つけられるかな？　掃除の時間の問題点 …………… 36

3 自分たちで問題を発見し，主体的に解決を図ろうとする理科授業 …… 38
　(1) 理科の授業は問題を発見する力を育てるチャンス！ ……………… 38
　(2) 最初の子どもの疑問は狭い範囲で！ ………………………………… 38
　(3) 子どもの疑問を，理由を問いながら整理する ……………………… 39

(4) 5年生「もののとけ方」で見る単元の導入方法 ……………………… 40

4 【授業の方法】起立型発表授業で子どもたちの発見をまとめて
　　いこう！ ………………………………………………………………………… 42
　(1) 発見した問題をまとめていくための方法 …………………………… 42
　(2) 発言をまとめていくときのポイント ………………………………… 43
　(3) 問題発見の量を評価する ……………………………………………… 43

5 【エピソード集Ⅰ】問題を発見した子どもとの接し方 ……………… 44

第3章　子どもたちが的確に課題を設定する力を育てる

1 課題設定の場面で育てる力 …………………………………………………… 46
　(1) 自己紹介カードを見て反省したこと ………………………………… 46
　(2) 課題を設定する力≒課題を明確にする力 …………………………… 47
　(3) 課題を設定する力を育てるポイント ………………………………… 48

2 【ワーク集】生活場面で育てる課題設定の力 ……………………………… 50
　(1) 子どもたちの思いを形にする！行事指導 …………………………… 50
　(2) 映像で発見！給食巧み技！ …………………………………………… 52
　(3) 友達と協働して課題を設定する！掃除指導 ………………………… 54

3 子どもたちが対話をして学習課題をとらえる算数科授業 ……………… 56
　(1) 5年生「小数の除法」でよくある授業の導入場面 ………………… 56
　(2) 子どもたちと対話をしながら課題を設定する ……………………… 57

4 子どもたちが主体的に学習課題をとらえる社会科授業 ………………… 60
　(1) 社会の授業は課題を設定する力を育むチャンス …………………… 60
　(2) 3年生「昔のくらし」でよくある授業の導入場面 ………………… 60
　(3) 課題設定の前の段階をそろえる ……………………………………… 61
　(4) 今のくらしと昔のくらしを比べる中で,「？」をつくる ………… 61
　(5) 「？」を予想する ……………………………………………………… 62
　(6) 学習問題をつくる（課題設定をする） ……………………………… 63

5 【授業の方法】本時の授業の課題をとらえなおす「課題読み」 64
 (1) 課題を自分のものにするために声に出して読む 64
 (2) 声に出して読む際のポイント 65
 (3) 姿勢・口型・声の大きさ，3つの視点で評価する 65

6 【エピソード集Ⅱ】課題がはっきりしたことで明るい表情になったYさん 66

第4章 子どもたちが自ら話し合う力を育てる

1 話し合う場面で育てる力 68
 (1) 話合い活動で重要なことは，自分（たち）で決めたと自信をもって言えること 68
 (2) 話し合う力≒より広い視野で物事を考え，どんな問題も解決できると自信をもつ力 69
 (3) 話し合う力を育てるポイント 70

2 【ワーク集】生活場面で育てる話し合う力 72
 (1) 自分たちだけで解決！掃除の反省会 72
 (2) 自分たちの課題を話し合う！リーダー会議 74

3 【ワーク集】子どもたちが楽しみながら授業で学ぶ「声の出し方」「話の聞き方」 76
 (1) 意見をしっかりした声で伝えるための早口言葉指導 76
 (2) 話し手が安心して話ができる！聞き方指導 78

4 子どもたちがどんな問題も解決できると自信をもつ話合い活動 80
 (1) 話合い活動のねらい 80
 (2) 話合い活動の指導のポイント 81

5 【授業の方法】子どもたちが生き生きと話し合うペア学習 86
 (1) 隣の席の友達と相談できない子どもたち 86
 (2) 人間関係が理由でペアでの相談ができない 86

(3) 教師の発問や指示が分からない ……………………………… 87
(4) 相談する必要性を感じていない ……………………………… 89

6 【エピソード集Ⅲ】話合い活動のもつ力～子どもたちが教えてくれたこと～ ……………………………… 90

第5章 子どもたちが主体的に試行錯誤する力を育てる

1 試行錯誤する場面で育てる力 ……………………………… 92
(1) 教師が子どもたちの試行錯誤する時間を奪っている ……………………………… 92
(2) 試行錯誤する力≒課題を把握する力＆自己決定する力 ……………………………… 94
(3) 試行錯誤する力を育てるポイント ……………………………… 94

2 【ワーク集】生活場面で育てる試行錯誤の力 ……………………………… 96
(1) 子どもたちが夢中で試行錯誤するお楽しみ会 ……………………………… 96
(2) 子どもたちが真剣に掃除を始める「特別任務」 ……………………………… 100
(3) 子どもたちが友達と楽しく取り組む係活動 ……………………………… 102

3 子どもたちが自分たちで「実感を伴った理解」をする理科授業 105
(1) 単元の最初で子どもたちに委ねる ……………………………… 105
(2) 身に付けさせたい知識を子どもたちの行動から見つける ……………………………… 106
(3) 子どもたちの無意識を，学級全体で共有する ……………………………… 106
(4) 5年生「流れる水のはたらき」 ……………………………… 107

4 【授業の方法】自らの足で答えをつかめ！立ち歩き式学習 ……………………………… 112
(1) 授業にタイムロスはつきもの ……………………………… 112
(2) 最低限のルールを確認することで子どもたちは自由に学ぶ ……………………………… 113

5 【エピソード集Ⅳ】試行錯誤の時間と相手意識があったとき子どもは本気になる ……………………………… 114

第6章 子どもたちがじっくり振り返る力を育てる

1 振り返りの場面で育てる力 116
  (1) やる気を失う「反省」から，成長するための「内省」へ 116
  (2) 振り返る力≒自分を客観視する力 117
  (3) 振り返る力を育てるポイント 118

2 【ワーク集】生活場面で育てる振り返る力 120
  (1) 一度立ち止まって見つめよう！行事の振り返り指導 120
  (2) 一日の出来事を一文で！一行日記 124
  (3) 自分たちでチェック！掃除の振り返り活動 126

3 道徳の時間で子どもたちと対話しながら育む振り返る力 128
  (1) 全授業の中で最も振り返りを重視する道徳の時間 128
  (2) 教師の姿勢が振り返りを充実させる 128
  (3) 子どもたちと対話しながら振り返りを深める 129

4 「体育の授業で何ができたかな？」学習カードで振り返ろう 131
  (1) 最後に振り返ることで次時に意欲をもつ 131
  (2) 学習カードを見ながら，子どもの思いを受け止める 133
  (3) 単元全体を通して，目標と振り返りを評価する 133

5 【授業の方法】授業の振り返りの観点をそろえて成長を感じる 134
  (1) それぞれの学習によってバラバラな振り返りの観点 134
  (2) 視点に沿って書くことができているかがポイント 135

6 【エピソード集Ⅴ】教師にとって大切なことを気付かせてくれた卒業文集 136

おわりに

参考文献 141

第1章 自治的集団づくりについて考えよう

それって本当に自治的集団⁉

(1)「子どもたちを自立へと導いている」≒すごい先生

「はじめに」で書きましたが,「自治的集団づくり」を好む教師は,意外にも多くいると感じています。「先生のクラス,自習中,しっかりと声を掛け合ってやっていましたね」「先生のクラスの子ども,休み時間,外で鬼ごっこをしていたみたいなんですけど,AさんとBさんの喧嘩が始まっていました。そうしたら,鬼ごっこをやっている子どもたちが集まってきて,みんなで話し合って解決していましたよ。驚きました」。職員室でされるそれらの会話は,その教師の指導力が高いと評価されているということを表しています。

逆に,「C先生がいないと,あのクラス,本当におしゃべりが増えて,まとまらないですよね」「本当に些細な喧嘩も,あのクラスの子どもたちは自分たちで仲直りできないらしいですよ」などの会話は,そ

の教師の指導力が低いと評価されているように聞こえます。

　つまり，教師の指導力の高さの要因の一つとして，「子どもたちは教師がいなくても自分たちで活動できるか」というのがあると言えます。

「子どもたちを自立へと導いているか」というのは，教師の指導力の一つの尺度になる

(2) 自治的集団づくりは，子どもたちを様々な場面で活躍させることができる指導方法

「ある先生が受け持つと，劇的に子どもたちの姿が変わる」「あの先生が指導すると，小学校4年生とは思えないような歌声で歌いだす」教師の指導力について考えたとき，上記の姿を思い浮かべることはありませんか？

　確かに，教師の指導によって，子どもたちの能力が遺憾なく発揮され，成長するとしたら，その教師は指導力が高いと言っていいでしょう。そしてそういった教師を目指すことには，何の異論もありません。むしろ，学校現場の多くの教師は，子どもたちが生き生きと自分の力を発揮し，成長する姿を思い描き，日夜取り組んでいると思います。

　しかしその姿が，その教師だけの前で発揮されるものであったり，翌年，指導力が若干落ちる教師が受け持ったとき，壊滅的な姿を見せたりするようでは，冒頭の教師は指導力が高いと言えるのでしょうか。

もちろん「素晴らしい状態を経験させた」という意味では，その教師は優れた教師であると言っていいと思います。

　しかし子どもたちは，その時を生きていると同時に，未来に向かって生きています。冒頭にあげた教師に，子どもたちは「自分の前だけ」という限定した場所で，素晴らしい姿を見せたに過ぎないのです。

　指導力が高い教師とは，指導して身に付いた子どもたちの力が限定的な場面にとらわれず，子どもたちの将来にもわたった様々な場面で発揮させられることを言うのです。

指導力が高い教師とは，子どもの力を様々な場面で発揮させられる教師のことを言う

　「自治的集団づくり」は，子どもたちに委ねて，子どもたち自身が自己決定し，試行錯誤していく中で成長するという指導方法です。その性質上，その指導内容が教師の目や手の届かないところまでにも及ぶという特性があります。

　指導者の価値観が同じであるならば，指導者が変わってもなかなか崩れにくいという特徴もあります。

「自治的集団づくり」という指導方法は，その指導内容が様々な場面によい影響をもたらす

(3) 自治的集団づくりって何⁉

①自治的集団では，子どもたち一人一人が常に思考している

それでは，自治的集団とは一体どんな集団なのでしょう？

「自治」という言葉を辞書『大辞林　第三版』で調べると，「自分たちのことを自分たちで処理すること」とあります。このことから，「自分たちのことを自分たちで取り組む集団」ととらえることができます。

> 教師が教室に行くと，当番の子どもたちがしっかりと宿題を集め，きれいに整えられて提出されている。ふと窓を見ると，当番の子どもが開けていてさわやかな空気が教室に流れている。時刻になると新年度初めに学級全体で確認した朝の会が始まり，教師の声掛けなしに進んでいく。

上記のような状態は「自治的集団」と言えるでしょうか？

つまり決められたことを，子どもたち一人一人がしっかりと取り組んでいるような集団を，「自治的集団」と言えるのかということです。

私はこのような状態で「自治的集団」が成立しているとは言えないと考えています。なぜなら，子どもたちが思考停止に陥っている可能性があるからです。

子どもたちが思考停止に陥っているとしたら，自治的集団とは言えず，「言われた通りに行動する子ども」を育てているに過ぎないでしょう。

例えば朝の会の最中，女の子が泣いていたとします。思考停止に陥っている子どもたちであるならば，粛々と朝の会を進めるでしょう。しかし，子どもたちがその場で考えて行動できる子どもたちであれば，泣いている友達に「どうしたの？」と尋ね，問題を解決しているでしょう。

　自治的集団づくりで大切なのは，子どもたちがその場面，その場面でしっかりと思考しているかどうかなのです。

 自治的集団づくりでは，一人一人の子どもが思考しているかどうかが大切

②自治的集団づくりは，集団の中での個人のあり方を指導する

　「一人一人の子ども」というのはとても大切なことで，「自治的集団づくり」は，集団を指導するようで個人を指導します。もう少ししっかりと表現すると，「集団の中での個人のあり方」を指導します。

　集団には目的が必ずあります。目的のない集団は，その形を維持するのは難しいでしょう。

　学級は1割～2割の子どもが機能すれば，上手に一日の生活を自分たちだけで進めることができると，私の経験上実感しています。

　先ほどの例にあった朝の時間の話でも，宿題を整えるのが得意な子どもと窓を毎日開ける子ども，日直の友達に時間を教える子どもがいれば，子どもたちだけで生活を進めることができるのです。

そういったとき、ふと周りの子どもたちに目をやると、「何も考えずにそれに従っているだけ」という場合がよくあります。つまり子どもたち同士の関係が対等ではなく、リーダー性の強い子どもに従っているだけという状態です。

これでは集団のメンバーが少し変わっただけで、何もできない集団になってしまいます。先ほども述べましたが、「自治的集団づくり」で培った力は、様々な場面で発揮される力でなければ意味がありません。そしてそれは、子どもたちの未来をつくる力です。

一見、子どもたちが進めているように見えても、本当に一人一人が思考しているか、子どもたちを見取る必要があります。

「子どもたち一人一人が思考しているか」を大切にするからと言って、全員が教室の窓を一生懸命取り合うように開け、宿題を集めればいいかというとそれは違います。全員で取り組むとかえって効率が悪い場合は、「役割」として分担します。

学級のためになる仕事は、効率性の観点から役割分担する

「役割」につくと子どもたちは突然、「偉くなった」と感じるようです。クラスのみんなは取り組まない「特別なこと」をしている感覚があるからでしょう。

確かに仕事をする上で「仕事をしている感」は大切です。取り組む際のモチベーションになります。しかしそれが人間の価値を決めるかというと、それは違います。

第1章　自治的集団づくりについて考えよう

窓を開けるから偉いのではなく，開いていない窓に気が付いて，自分や友達の今日一日を思い浮かべたこと，そしてそれを行動に移そうとしたことが，尊いことなのです。

　ですから，窓を開けることに気付きやすいのは，窓際の座席の子どもですし，宿題が整っているか気付きやすいのは提出する場所である教卓が近い子どもです。またそのように行動している子どもを，その周りの子どもたちが知っていることが大切です。

　そのように考えると，声を出すことが得意な子ども，背の高い子ども，背の低い子ども，注意力が散漫な子どもでさえ，集団の中で活躍できるのではないかと考えることができます。

　自治的集団づくりが成功すると，子どもたちはお互いの長所や短所，もっと言うと存在そのものをそのまま受け止め合うようになります。

　そして子どもたち自身が生き生きと毎日活動するようになります。ある子どもは友達のことを思って窓を開け，ある子どもは教師のことを思って宿題を整える，周りの子どもはそれに感謝をしながら，自分も違うところで力を発揮しようとしていくのです。

③自治的集団づくりは，教師の教室での仕事が変わる

　そのように子どもたちが生き生き活動すると，教師は今までやってきたような苦労が減り，楽になります。毎朝，早く教室に行って窓を開ける必要も，宿題を整える必要もなくなるからです（もちろん教育的意義から率先してそういったことを教師がすることを否定するものではありません。あくまで一例で

す)。

　では教師は何もしないかと言えばそれは違います。先ほども述べましたが,子どもたちが「思考しているか」常に気を配る必要があります。また思考停止しているようであれば,思考するように問いかけなければなりませんし,場合によってはその意味を丁寧に説明しなければなりません。

　子どもたちの力が発揮できるよう,子どもたちの長所や短所をよく考え,本人の気付いていないものに気付かせるといったかかわり方も必要になってくるでしょう。

　自治的集団づくりを行い,子どもたちが成長すると,教師の教室での仕事の内容が変わってくるのでしょう。

自治的集団づくりを行い,子どもたちが成長すると教師の教室での仕事が変わる

(4) 今どきの子どもたちの意識って？　子どもたちが社会を自分たちで変えていこうとする意識を育てる

　では,「自治的集団づくり」は,なぜ今,教育現場で必要なのでしょうか。

　内閣府の「平成25年度小学生・中学生の意識に関する調査報告書」(2014年7月)によると,小・中学生の9割以上が「学校が楽しい」と感じていると報告されています。

　さらに同調査では,「人の役に立つ人間になりたい」という小・中学生も,9割以上であると報告されています。

第1章　自治的集団づくりについて考えよう

一方で一般財団法人日本児童教育振興財団内日本青少年研究所が行った調査「中学生・高校生の生活と意識―日本・アメリカ・中国・韓国の比較―」(2009年２月)によると「私の参加により，変えてほしい社会現象が少し変えられるかもしれない」と答えた中学・高校生の割合が，他の３か国と比べて著しく少ないと報告されています。

※これらの資料については，文部科学省中央教育審議会教育課程企画特別部会「第20回配付資料」(2016年８月)を参考にし，その後当該資料にあたりました。機会があればどちらの資料もご参照ください。

　これらの子どもたちに必要なことは，「自分たちで話し合い，集団をつくっていく経験」ではないでしょうか。ゆくゆくは社会を自分たちの手でつくっていこうという態度を育成していくことが望まれていると言えます。

　そのためには「自治的集団づくり」は有効な手段と言えるでしょう。

　子どもたちは，身近な生活の課題や学習の課題を協働して解決することを通しながら，他者への信頼と自己肯定感，問題解決の方法等を身に付けていきます。

　問題が解決するためには，独りよがりな解決方法ではいけません。相手の立場になったり，集団全体のことを考えたりする中で，様々な視点で物事を考えたり，俯瞰して考えたりすることができるようになっていきます。

　何より身近な他者の力になったという経験は，より大きい集

団でも意欲的に問題の解決をしようという自信につながります。

そうして,自分の力で社会を変えていこうという意識を創っていくのです。

「自治的集団づくり」を通して,子どもたちが社会を自分たちで変えていこうとする意識を育てる

(5) 自治的集団づくりの前提条件!? 4つのチェックポイント

上越教育大学教授である赤坂真二氏はその著書の中で「雰囲気から見る学級の発達段階」を示しています。

赤坂真二氏は「教師と子どもの関係性における安心感」から,より「深くかかわろう」と「ルールやマナーを守ろうとする雰囲気」をつくり出し,「あたたかな結びつき」から「互いに助け合ったり,学級の問題を自分たちで話し合って解決したりする」雰囲気をつくることを主張されています。

この主張からも分かる通り,「自治的な雰囲気」をつくるまでには,4つの段階があります。つまり自治的集団づくりを行うにあたっては,4つの前段階を押さえておかなければいけないということです。

しかし,上記にあげた4つの段階を完全なものにするには,

長い年月を要します。場合によっては、1年や2年では足りないかもしれません。それまで「自治的集団づくり」に取り組めないのであれば、誰も取り組まないでしょう。

　これは前提条件ですが子どもたちに同時に指導していけるようであれば、「自治的集団づくり」を進めていくことができます。

　以下に各段階で「最低限、ここだけは！」という条件を列挙します。ご自分の学級を思い浮かべながら、条件を満たしているか確認してみてください。

①子どもたちが発言したり行動したりしたときに、それらに対して意図的に傷つけるような言葉掛けや行動がされないか？

　ここでのポイントは、「意図的に」というところです。人が集まり集団となれば、ほんの些細なことから傷つけてしまうことがあります。

　「自治的集団づくり」ではそれらの問題も取り上げながら、集団内での「自分のあり方」を考えていきます。

　ここで問題としているのは、子どもが意図をもってそういった言葉掛けや行動がされていないか？ということです。

　子どもたちが勇気をもってする行動に対し、意図的に傷つけようという言葉掛けで否定されてしまうと、場合によっては心に大きく傷を負う場合があります。

　意図的でない場合は、その後の指導によっては回復する場合もありますが、意図的である場合は、その問題の解決にはしばらくかかります。

　そのような状況の場合は、教師がリーダーシップを発揮しな

がら，まずそのようなことが「なかなか起きない」状態にする必要があります。

　明らかにいけない行いをしたときに，教師の指導がいつでも発揮できる状態にあることが，「自治的集団づくり」の第一歩なのです。

②子どもたち同士で，言語，非言語を問わず，何らかのコミュニケーションが可能であるか？

　学校現場には，外国にルーツをもつ子どもや集団の中に入ると話すことができない子どもなど，様々な子どもがいます。コミュニケーションをとるのに支援が必要な場合もあります。

　支援が必要な子どもたちは，まったくコミュニケーションがとれないかというと，そうではありません。例えば外国にルーツをもつ子どもたちの多くは，身振り手振りでコミュニケーションをとろうとすると，積極的にかかわりをもとうとしますし，集団に入ると話のできない子どもも，絵を指し示すように促すと意思を示したり，問いかけるとうなずいたりします。何らかの方法でコミュニケーションをとることができることの方が圧倒的に多いでしょう。

　そう考えると「まったくコミュニケーションをとることができない」状態というのは考えづらいのですが，子どもたちがかかわり合いをもつ以上，コミュニケーションが可能かどうかというのは一つの大事な視点であると言えます。

③子ども自身がいけないことをしたと思ったとき，「ごめんなさい」という態度がとれるか？

　①とも重複するところがありますが，「いけないことをした」

と子どもたちが感じたとき,子どもたちは自然と「ごめんね」と謝るよう,それまでの教育でなされているはずです。仮に素直に言葉にできなくても,態度や表情でそれが伝わることがあります。教師が「悪かったなぁと思っているのかな？」という問いかけに対し,首を縦に振ることができれば,それはもう「ごめんなさい」という態度と言えるでしょう。

「自治的集団づくり」では,子どもたちは様々なことに挑戦していきます。その中で失敗してしまうこともあるでしょう。その失敗で誰かを傷つけたり,迷惑を掛けたりする場合があります。そんなとき,大事になってくるのが「謝罪する」という行為です。

これが教師の指導や支援で行われないような状態であるならば,「自治的集団づくり」は行えないでしょう。

④子どもたちは学級の友達と一緒にいることに,苦痛を感じていないか？

子どもたちの中には,集団生活がとても苦手な子どもがいる場合があります。「とても苦手」というのは,集団の中にいるだけで,「緊張状態」になり,「苦痛である」ということです。

普段,日常生活をしている上ではあまり気が付きませんが,子どもたちの話をよく聞いているとそういう子どもに出会うことがごく稀にあります。不登校になる子どもたちの中には,そういった理由も考えられるでしょう。そういう子どもたちは,学校に来ているだけで「奇跡」のような状態であると言えます。

そういった子どもたちにさらに,「日常の問題解決を強いる」のは少々強引な手法です。緩やかな関係性の中で,緩やかに成

長し,集団というものとの距離の取り方を教える必要があります。この後の章で示すような方法は,若干刺激が強いと思います。実践するとしたら工夫が必要でしょう。

　項目をまとめると以下のようになります。

①子どもたちが発言したり行動したりしたときに,それらに対して意図的に傷つけるような言葉掛けや行動がされないか?
②子どもたち同士で,言語,非言語を問わず,何らかのコミュニケーションが可能であるか?
③子ども自身がいけないことをしたと思ったとき,「ごめんなさい」という態度がとれるか?
④子どもたちは学級の友達と一緒にいることに,苦痛を感じていないか?

　上記の内容を読んだとき,何らかの思い当たる節があるときは,「自治的集団づくり」をする上で,十分に配慮する必要があります。それまで取り組んできた実践があるような方は,取り組み方を見直すとよいと思います。

※上越教育大学教授の赤坂真二氏は,「自治的集団づくり」を全国に発信されています。上述した「雰囲気から見る学級の発達段階」は,『クラスを最高の雰囲気にする!目的別学級ゲーム&ワーク50』(明治図書,2015),『クラスを最高の雰囲気にする!目的別朝の会・帰りの会アクティビティ50』(明治図書,2016)にその理論と実践が詳しく書かれています。ご参照ください。

(6) どうやって指導するの？ 自治的集団づくりの方法

「子どもたちの学校生活をどのようにつくっていくか」については，古くから特別活動という領域の時間を中心に考えられてきました。「特別活動は，生活づくり・学校づくりである」という考え方が，その顕著な例ではないでしょうか。

2000年に入り，学級崩壊が取りざたされるようになると「学級づくり」という概念も広く普及し，多くの方法が紹介されるようになってきました。そこでは，学級づくりと授業づくりが両輪としてとらえられ，学級を学びの集団として安定させようという主張が多くされているように思います。

各学校単位でも，「やり方」をそろえて，チームで子どもたちを育てようという動きも活発になり，「〇〇小スタンダード」のようなものが全国各地でつくられていると聞きます。

特別活動という領域で考えられてきた方法は，文部科学省が設定した年間時数35時間という限られた時間では，なかなかその効果を実感するのは難しいように思います。もし実感しているとしたら，その教師の指導力がとても高いか，「隙間の時間」という時数に計上されにくい始業前の時間や休み時間，余剰の授業時間にコストをかけているかといったところではないでしょうか。

近年，主張されている学級づくりの主張の多くは，教師と子どもの人間関係づくり，子ども同士の人間関係づくりを中心に，子どもたちが学校生活をどのように過ごしていくかに主眼が置かれているものが多いように感じます。

「授業づくりはうまくいかなくても，学級づくりがうまくいっている。もっと授業づくりもうまくなりたい！」というような話があがるように，学級づくりと授業づくりが別物ととらえられ，どちらか一方だけでなく両方の技術を上げていこうという考え方であると私は理解しています。

※「学級崩壊」が騒がれた頃，野中信行氏はいち早くその大変さに気付き，次々と学級づくりの概念を全国に発信されていました。私もその考え方から多く学ばせていただきました。学級づくりを一から学ばれたい方は参考にされるとよいでしょう。

　「○○小スタンダード」のように，教師同士がやり方をそろえて，チームで子どもの指導にあたるという方法は，子どもたちが登校して，下校するまでの学校生活をどのように過ごすかというところに焦点をあてたことで，子どもたちの生活と学習をまとめて考えることに成功しています。

　しかし授業内で「そろえる」ことの限界は，どんなに頑張ったとしても学習の進め方という枠組みでしか考えられず，学習の内容に一歩踏み込んで議論されることは難しいのが現状でしょう。

　子どもたちが未来に向かって生きていく力を身に付けるために，自ら考え行動し，友達と問題を解決できる力を育てなければなりません。

　本書では「自治的集団づくり」を「子どもたち自身によって問題解決を行うこと」に焦点をあて再構成しました。

　「自治的集団づくり」は，学級の目指す姿や目的ではありません。子どもたちに委ね，問題解決させる方法です。その方法

を授業場面で使うか，生活場面で使うかという話です。

　「問題解決的な学習」というこれまで様々なところで深められてきた方法を使って，学習のみならず生活づくり全般を子どもたちの手でつくり上げていくためにはどのようにすればいいのか，お示ししようと思います。

　「問題解決的な学習」については，古くはアメリカ合衆国の教育学者ジョン・デューイに始まり，様々なところで研究が進められていると思います。その方法も様々で，子どもたちが問題解決をする過程をいくつにも細分化して研究されています。

　私も多くの資料にあたりましたが，ここでは「問題発見」「課題設定」「意思決定（話合い活動）」「試行錯誤」「振り返り」の5つの過程に分けることとしました。

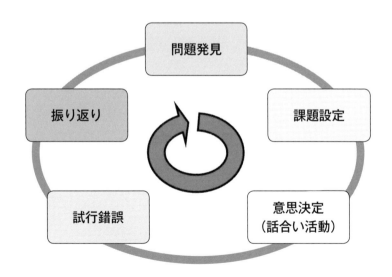

第2章以降では、この5つの過程において生活場面、授業場面で子どもたちの力をどのように育てればよいか、その視点と方法をお示しします。

　各教科、領域で培った力がどのように日常の子どもたちの生活づくりに生かされていくか、日常の問題解決で育んだ力が、どのようにして各教科に生かされていくかと考えながら、本書を読んでいただければと思います。

　特に各教科においては、これまで各教科が「問題解決的な学習」として研究してきたものと比べれば、掲載されたものはお粗末なものかもしれません。本書が入門書であることから、なるべく初歩的な内容に絞って書きました。

　また全教科・領域、全学年を示すことも、ページの都合上できませんでした。

　教室でされているであろう実践を思い浮かべながら、ちょっと考え方を変えるだけで、その実践はその授業のみならず、子どもたちの未来につながっているという「考え方」を示したつもりです。

　本書でお示しした方法を踏み台にして、さらに深めていただけたらと思います。

　章の最後には、子どもたちとのエピソードをもとに、各章で身に付けたい力を読者のみなさんと一緒に考えられるようにしました。ご自分の経験をもとに読んでいただき、目指す子どもたちの姿はどのようなもので、どのような力を付ければいいか考えていただくきっかけになればと思います。

第2章 子どもが積極的に問題を発見する力を育てる

問題発見場面で育てる力

(1) 問題を発見した子どもが教師や友達を救う

「先生,今日の掃除の反省会なんですけど,＊＊のことをみんなで馬鹿にしていたと思うんです」。そう言ってきたのは,いつも元気で,時には騒がしすぎて注意されることの多いR君。

話をじっくりと聞くと,掃除の反省会のとき,下を見ていたM君を司会のNさんが「何か意見はありませんか？」と指名したそうです。普段勉強が苦手なM君は,何が何だか分からず涙目になって黙っていると,そんな顔を見た周りの子どもたちが,みんなで笑ったそうです。

みなさんだったら,こんな場面に遭遇したらどうしますか？

日常のほんの些細な出来事の中に,見逃してはいけない「何か」は隠れています。それらを一つ一つすべてチェックしようとしても,現実的にはかなり難しいと思います。

「いや,それができないのは,教師の指導力がないからだ！」と主張される方がいらっしゃるかもしれません。確かに,指導

力が高まれば高まるほど、子どものほんの些細な言動を見逃さず、またタイミングよく指導し、トラブルをチャンスに変えることができるかもしれません。

しかし、現実は、「団塊の世代」と言われる方々が、大量に退職し、経験年数の浅い教師が増えています。経験年数の浅い教師が、指導力を身に付けている間にも、目の前の子どもたちは育っているのです。その目の前の子どもたちをどうするか？ということです。

冒頭のR君の担任をしたのは、私がまだ経験年数の浅かった頃の話です。R君は、M君やクラスの友達、そして指導力のない私のことを救ってくれたのだと思います。

(2) 問題を発見する力≒新たな視点を手に入れる力

右の絵を見てください。

何の絵に見えますか？ これは有名な「ルビンの壺」と言われている絵です。白い方に注目すれば、壺の絵に見えます。視点を変えて、黒い方に注目すると、人の顔が浮かび上がってきます。

この「ルビンの壺」の絵のことを知っていれば、この絵を見た時点で、誰に何を言われなくても、壺も人の顔も見えると思います。

これと同じようなことが、学級でも起こっていると思います。

例えば，教室にゴミが落ちていたとします。「今からゴミ拾いをします。1人10個拾ったら席に着きましょう」と呼びかけると，今まではさほど気にならなかったゴミもよく見つけられるようになります。

　そしてこのことを継続していくと，普段生活している中でも，落ちているゴミに気付けるようになります。

　子どもたちの中で，何が育つのでしょうか？

　それは，問題を発見する力，もっと言えば，問題を問題だととらえる「視点」を手に入れたのです。今まで，子どもたちにとっては気にも留めなかった些細なものが，教師や友達の支援ではっきりとした輪郭で浮かび上がったとき，子どもたちは初めてそれをとらえることができます。そう考えたとき，小学校生活で学習することのほとんどは，「新たな視点を手に入れること」と言っても過言ではないかもしれません。

 問題を発見する力≒新たな視点を手に入れる力

(3) 問題を発見する力を育てるポイント

　では，どのようなことに注意して，問題を発見する力≒新たな視点を手に入れる力を育てていけばいいのでしょうか？

①与えられた視点に沿ってその先を考える力を育てる

　先ほどの教室にゴミが落ちていることを例にとってみましょう。「今からゴミ拾いをします。1人10個拾ったら席に着きましょう」と教師が呼びかけたとき，子どもたちに付けてほしい

力の中心は,「子どもたちがゴミを見つける力」です。

しかし,実際はノートが配付されていないことに気付いたり,教室に置いてある植物が枯れていることに気付いたりと,子どもたちは様々なことに気付きます。きっと,読者の方の多くは,そういった姿も,「よく気付いたね」とほめて,受け止めていると思います。

そういった姿を受け止める一方で,その子どもが,「ゴミを拾う」ことに対して,どの程度視点を手に入れたかについても考え,評価していく必要があります。

今まで気にもかけていなかった教室の隅のゴミが見えると,様々なところにゴミが落ちていることに気付いたとき,「与えられた視点」を,理解したと言えるのです。

②もっている視点を,他場面で転用できる力を育てる

与えられた視点に沿って,その先を考えることができたら,それが時と場所,人が変わっても理解しているか,といったことも大切です。

授業の時間に,自分の教室のゴミ拾いではゴミをよく見つけられるが,掃除の時間に図工室などの特別教室では見つけられないのでは困ります。教室で身に付けた視点を使って,様々なところで同じようにゴミを見つけられてこそ,その力は身に付いていると言っていいのでしょう。

教室のゴミ拾いを例にしましたが,授業や他の生活場面でも同様に考えることが大切です。では,具体的にどうすればいいか,次ページ以降でご紹介します。

2 【ワーク集】生活場面で育てる問題発見の力

(1) ここが問題だ！ 帰りの会で問題を共有しよう！

> 対象学年：全学年
> 時　間：3分
> ねらい：自分たちの課題を，自分たちで的確に見つけられるようにする

概要

日常生活で問題を発見したとき，それを教師と子どもの2人の問題にしがちです。その問題を帰りの会の「お知らせコーナー」で学級全体に共有し，問題を発見する視点を養います。

流れ

❶日直の子どもが，朝の会や帰りの会で「次はお知らせコーナーです」と学級の友達に伝える。

❷問題を発見した子どもは，以下の話型に従って話をする。
・問題だと感じた場面
・問題だと感じた理由
・問題を解決する方法を提案

❸教師は，問題を発見した視点に注目し，価値付けをする。

指導のポイント

子どもたちから,よく以下のような些細な問題が出されます。
・廊下を走る子どもが多い
・教師不在時の,子どものおしゃべりがうるさい
・水道の蛇口を閉め忘れている子どもがいる

これらは,子どもたちがその場で声掛けして解決しづらいものです。直接声掛けをして解決できるようなもの(例:整列するとき,時間がかかりすぎる等)に関しては,その場でまず声掛けをしてみることを進めてみるといいでしょう。その際,「相手が嫌な気持ちにならないように声掛けできるといいね」と,どのように声掛けするとよいか,伝えることも大切です。

評価のポイント

朝の会や帰りの会で,子どもがふと手をあげ,「内部告発」のような内容を発表するときがあります。その子ども自身は,思いや願いがあって発表しますが,その発表を集団として「どう受け止めるか」は,難しいときがあります。

しかし,どんな子どもの発表でも,「＊＊さんはどんな視点なのかな」と学級で考えを共有することは,課題の設定の際にも役に立ちます。

「＊＊さんの伝えたいこと分かりましたか？」「＊＊さんが見つけた問題を見かけたら,自分はどうすればいいか考えられるといいですね」などと声掛けをし,次の行動への意欲付けをするといいでしょう。

(2) あっ！それって!?を書き留める日記指導

- 対象学年：全学年（学年に応じてねらいを設定）
- 時　間：10分
- ねらい：普段見ているものをじっくり観察することを通して，問題を発見する力を育てる

概要

時間を区切り，1つのものをじっくりと観察し，気が付いたことを文章にします。子どもたちが慣れてきたら，テーマを設定し，日常の問題を発見する力を育みます。

流れ

❶教師は，ミニ作文用紙を配付する。

❷教師は，「今から先生の動きをじっくり見ましょう。声を出してはいけません。じっくり見たこと，新しく気が付いたことを文章にします」と伝える。

❸教師は30秒～1分ほど，日常の動作をする。

例：朝，教師が教室に入る様子，授業や休み時間の様子等

❹教師は「それでは今，見たこと，聞いたことを作文にしてみましょう」と投げかける。子どもたちは作文に取り組む。

❺教師は子どもたちがじっくり見ていたり，今までなかった視点について書こうとしていたりする姿を見つけ評価する。

指導のポイント

　子どもたちは，教師の動きをじっくり見るということを楽しみながら文章を書くでしょう。声や音を出したり，大げさな素振りを見せたりと，笑いも交えながら取り組みます。

　慣れてきたら「空の動き」「教室にあるもの」「アジサイの花」など，動きの少ないものを取り上げます。特に自然界にある花や生き物は，じっくり見ると様々なものに気付かされます。子どもたちが手に取って観察できるようにするとよいでしょう。

　子どもたちの中には文章にどう表していいか迷う子どももいます。「どんな形をしているかな？」「色は何に似ているかな？」など声を掛け，自分の感じたことを文章に表せられるようにするとよいでしょう。

 ## 評価のポイント

　子どもたちは日常生活の中で様々なことに気が付いています。気が付いていますが，動きを止めてそのことを確認することをしていません。このワークでは，心にひっかかったものを形に表そうとした姿を見つけ，直接言葉を掛けたり文章に赤ペンで線を引き教師がコメントを書いたりして評価を伝えます。

　文章の表現の仕方については，1年間かけてじっくりと国語やその他の時間に指導していくとよいでしょう。

※日記指導については，多賀一郎氏，竹田文夫氏，福山憲市氏の著書から学ばせていただき，自分なりに実践を積み重ねました。巻末の参考文献を参考にされるとよいでしょう。

(3) 自分たちで見つけられるかな？　掃除の時間の問題点

- 対象学年：全学年
- 時　間：5分
- ねらい：掃除の仕方について振り返ることを通して，自分たちの活動の問題点を発見する力を養う

 概要

子どもたち同士で問題が起きやすい掃除の時間。振り返りの時間≒掃除の反省会を設け，問題を発見する力を養います。

 流れ

❶子どもたちの中から，司会を決める。

❷司会の子どもは掃除が終わっているのを見計らって「掃除の反省会をするので，集まってください」と呼びかける。

❸司会の子どもが「これから掃除の反省会を始めます」と言って，右記の内容について振り返りを行う。

❹司会の子どもが掃除の反省会で出されたことをもとに，「明日は○○を頑張りましょう」と伝え，掃除の反省会を終える。

> ①あいさつ
> ②チェックリスト確認
> ③お知らせ
> ④次回へ向けて一言
> ⑤あいさつ

指導のポイント

　当たり前のことですが，国語や算数などの教科と同じように，掃除もまた，子どもたちによって，得意・不得意があります。

　子どもたちが掃除の場面で，「あれ？これはおかしいな？」と問題を発見するためには，教師が掃除において下記のように，しっかりとやってほしいポイントを先に示す必要があります。

　・教室にゴミは落ちていないか？
　・水はこぼれていないか？
　・掃除用具は片づけられているか？
　・机は，きちんと並べられているか？

　子どもたちは教師の示したポイントを振り返り，自分たちがどんなところに注意して掃除をすればいいのか，学んでいきます。その学びが，しっかりと定着すると，他の場所の問題も発見しやすくなるでしょう。

評価のポイント

　掃除中，チェックポイントの内容に取り組んでいる子どもを見つけ，ほめていきます。積極的に声掛けしながら，教師の掃除の視点を子どもたちに伝えていきます。そうすることで，他の場所でも問題を発見しようという意欲付けになるのです。

　掃除の反省会に慣れてきて形骸化されると，子どもたちは見えているゴミが見えなくなります。掃除の反省会でのチェックポイントがしっかりとできているかどうか，教師も一緒に確認することが大切です。

3 自分たちで問題を発見し，主体的に解決を図ろうとする理科授業

(1) 理科の授業は問題を発見する力を育てるチャンス！

理科は，その教科の特性上，他の教科・領域に比べて「問題を発見する」ということを，設定しやすい教科と言っていいでしょう。理科の授業において，問題を発見する力とは，子どもたちが「あれ？なぜかな？」「あれ？どうなっているのだろうか？」と疑問に思うことと言っていいでしょう。

 理科の問題を発見する力≒子どもが疑問に思う力

単元の最初に，子どもに疑問をもたせ，解決するように学習の流れを組み立てることで，主体的な学びや対話的な学びを生み出し，深い学びへとつなげていきます。

(2) 最初の子どもの疑問は狭い範囲で！

では，子どもたちの疑問に思う力を育てるにはどうしたらいいでしょうか？

当然のことですが，理科には教えるべき内容が決められています。何でもいいから疑問をもたせ，それを解決していくのは，総合的な学習の時間で行われるべきです。

子どもが最初に抱く疑問は，なるべく狭い範囲がいいでしょ

う。1つの疑問を解決しようと試みる過程で、いくつもの疑問が生まれ、またそれを解決していくイメージです。

 子どもが抱く疑問は、狭い範囲にする

(3) 子どもの疑問を、理由を問いながら整理する

子どもが疑問をもったら、それを子どもたちと一緒に整理していきます。最初の疑問は、子どもたちは共通の言葉を使っていますが、イメージも根拠もバラバラです。それらを、共通の土台にのせていくのは教師の仕事です。根拠（≒理由）を問いながら、イメージを整理していくとよいでしょう。

 子どもの疑問は、理由を問いながら、整理していく

子どもたちの疑問を大事にするあまり、子どもたちに任せてしまうと、子どもたち同士の交流は生まれにくくなります。

最初の問題発見の時点で、しっかりと土台を固めることが必要です。この土台を固めるという作業は、教師が行うことが基本ですが、子どもたちが育ってくると、委ねることもできます。

では次のページ以降で、具体的な授業の進め方を見ていきましょう。

※子どもに「どのように疑問をもたせ、教師が何をしっかりと教えるか」については、大前暁政氏の著書から学ばせていただき、自分なりに実践を積み重ねました。巻末の参考文献を参考にされるとよいでしょう。

(4) 5年生「もののとけ方」で見る単元の導入方法

単元の導入を以下のようにして始めます。

> 教　師：今から手品を始めます。拍手〜‼
>
> 子ども：(教師に付き合って拍手をする)
>
> 教　師：ここに，種も仕掛けもない水の入ったカップと蓋があります。(水の入ったカップを，子どもたちにじっくりと見せる)
>
> 教　師：そこに，食塩を入れます。(食塩をカップの中に入れ蓋をする)
>
> 教　師：そして……。(と言いながら，大袈裟にカップを振る)
>
> 教　師：はい‼　消えてなくなりました‼
>
> 子ども：(口々に「消えていないよ！」「溶けただけだよ！」と呟く)

子どもたちは，生活経験の中で食塩が「消えた」のではなく，「溶けた」ことを知っています。しかし，一言で「溶けた」と言っても，そのイメージは違っています。「消えていない」理由を言う中で，「溶ける」ということを整理していきます。

〇子どもたちの主な考え〇

- ・食塩は目に見えなくなったけれど，水の中に隠れている。
- ・食塩は小さくなって水の中でふわふわと浮いている（重さはなくなる）。

・食塩は違う物質に変化して水の中にある。

「溶ける」ことを整理する中で,子どもたちの意識は,「食塩が水の中でどうなっているか?」に集中していきます。

そこで,右のような透明で長い筒を用意します。ホームセンターなどで材料を購入し,作成するとよいでしょう。

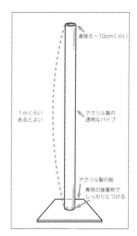

このパイプに水を入れて,上から食塩を落とすと,落下する過程で溶けて見えなくなります。

子どもたちは事前に,「溶ける」ことについて,自分なりに考えを整理しているので,思考をフル回転しながら,観察し,様々なことに気付きます。

気付いたことは,学級全体でまとめていきます。まとめていく中で,次々と学習課題が生まれてくるでしょう。その学習課題に沿って,学習を進めていきます。

子どもたちの考えを上手に整理し,それを軸にして学習を進めていく経験を積み重ね,子どもたちが様々な場面で,問題を発見したいと思えるようにしていくことが大切でしょう。

※5年生「もののとけ方」の学習の進め方については,赤坂真二編著『学級を最高のチームにする極意シリーズ アクティブ・ラーニングで学び合う授業づくり 小学校編』(明治図書,2016)で,執筆させていただきました。詳しく知りたい方はご参照ください。

4 【授業の方法】起立型発表授業で子どもたちの発見をまとめていこう！

(1) 発見した問題をまとめていくための方法

　子どもたち一人一人が，生き生きと問題を発見しだすと，それを集約するのが大変になります。

　かといって，一人一人にどんなことを考えているか求めないと，子どもたちの意欲はすぐに低下します。

　問題を発見した子どもの発表する機会だけでなく，発表していない子どもの活動量も保障し，何より授業として，その活動に意味をもたせるために以下の方法で進めます。

---

①授業の冒頭で，教師は資料を提示し，「今から○○について，できるだけ多く見つけましょう。制限時間は◇分です。スタート！」と子どもたちに伝える。

②（◇分たったら）教師は，「それでは時間になりました。発表してもらいます。全員起立しましょう」と伝える。

③「今から自分の書いたものを発表してもらいます。友達と同じことは発表できません。発表が終わったり，同じ意見が発表されたりしたら，着席しましょう。それでは＊＊さんから順番に発表してください」と伝え，子どもたちの発言を板書する。

④全員が着席したところで，次の活動に移る。

(2) 発言をまとめていくときのポイント

 学級内の人数が多ければ多いほど,時間を浪費しがちです。一人一人の発表を短くするように伝え,テンポよく進むよう,声掛けしましょう。

 発表をしていくと,早めに着席した子どもたちは,何をしていいか分からなくなるときがあります。着席しても,友達の話をしっかり聞いている姿をほめ,その価値を学級内で共有するといいでしょう。

 スタートする子どもは,毎回,同じではなく,「当日の日付の出席番号の子ども」「誕生日の一番近い子ども」などにすると,子どもたちは適度な緊張感をもって楽しむことができます。

(3) 問題発見の量を評価する

 まず,最初に評価するのは,問題発見の量です。問題発見の質は,課題を設定するときに,自然と評価されます。どんなときでも質の高い問題発見を目指したいのですが,なかなかそれは難しいのが現実ではないでしょうか。したがってまずは,とにかく多く「問題を発見する」思考の訓練が必要になります。

 起立している時点で,それなりに評価されますが,「集中してたくさん考えましたね」など,取り組みの姿勢と合わせて評価していくとよいでしょう。

 また,友達の発表を聞くことは,自分にない視点を取り入れることになります。友達の方を見て聞く姿をほめるとよいでしょう。

【エピソード集Ⅰ】問題を発見した子どもとの接し方

「先生，鉛筆が落ちていました」
「先生，学級文庫の本が壊れています」
「先生，＊＊さんが廊下を走っていました」
みなさんは子どもたちがこのように言ってきたらどうしていますか？
「落ちていたところにいる友達に確かめてみましょう」
「修理しておくので預かります」
「＊＊さんを呼んできてください」
教師になりたての頃の私は，子どもたちの訴えに対してすぐに結論を伝え，解決しようと躍起になっていました。子どもたちの訴えを後回しにしてしまうと子どもたちから信頼されなくなると思い込んでいたのでしょう。

「毎回，しっかりと答えを出さなきゃいけない」と思い込んでいた私は，次々に子どもたちの訴えを解決していきました。
すると，子どもたちはさらに，
「先生，プリントに名前は書きますか？」
「先生，（黒板を指して）それはノートに写しますか？」
と聞いてくるようになりました。
「先生，ゴミが落ちていました」
とゴミを私に持ってくる子どももいました。

経験年数を積み重ねたあるときから，冒頭のような子どもたちの訴えに対して，「ありがとう。困ったね。どうしようか？」

と尋ねるようになりました。
　すると
「帰りの会のお知らせでみんなに聞いてみます」
「私が直してもいいですか？」
「また走らないように話をしてみます」
と答えが返ってくるようになりました。
　そんな答えが返ってきたら私は,「困ったらまた教えてくださいね」と伝えています。
　そう尋ねるようになってから,子どもたちは
「先生,プリントに名前は書きますか？」
「先生,（黒板を指して）それはノートに写しますか？」
「先生,ゴミが落ちていました」
と言いに来なくなりました。きっと頭の中で「ありがとう。困ったね。どうしようか？」という私の言葉が流れているのだと思います。そして次の行動に移しているのでしょう。
　その姿を見つけ,またお礼を伝えると,子どもたちは自信に満ちあふれた顔になっていきます。
　もちろん子どもたちの訴えの中には,すぐに対応しなければならないものがあります。
　しかしそれと同じだけ,子どもが考えて解決できるものもあると思います。何より,解決したという事実が子どもの自信に変わり,毎日を楽しそうに生活するようになります。
　問題を発見した子どもがさらに自信に満ちあふれた顔になるために,教師がどう子どもたちと接するかが重要なのだと子どもたちから教わりました。

第3章 子どもたちが的確に課題を設定する力を育てる

課題設定の場面で育てる力

(1) 自己紹介カードを見て反省したこと

　新年度,「自己紹介カード」を書かせることがよくあります。そういったカードに「頑張りたいこと」というスペースがないでしょうか？

　そして,そこには,「漢字を毎日,練習する」とか,「計算をできるようにする」「友達と仲よくする」といった言葉が並びます。私は,若い頃,この言葉が並んでも,何の違和感ももちませんでした。「ふう～ん」くらいにしか思わず,読み流していたのかもしれません。

　ある年度末,1年間学習したものを冊子にまとめているときのことです。冊子に綴じようとしていたその自己紹介カードが,ふと目に留まりました。

　そのとき,私は「この子どもたちに,書いてあることについて何かしたことはあったのかな？」と思いました。同時に,その子どもたちは,「どのくらいそのことを意識して取り組んだのかな」とも思いました。

年度初めに書いているときは，多くの子どもたちは間違いなく「本気」だったのだと思います。新しい学年になって「今年こそは」と，自己紹介カードに書いたに違いないと思います。それが，時がたつとともに，「まあできればいいなぁ」になり，「運がよければできるだろう」「今年は無理でも来年には……」と思いが変わっていったのだと思います。

　つまり，私も子どもたちも，子どもが取り組もうと思った課題に対し，具体的な一歩を示せずに，そのまま過ごしていたのです。

　そう考えたとき，「1年間で成長したな」と感じた子どもたちとは，何かしらの形で，具体的な一歩を課題として共有し，努力を続けられたのだと気付いたのです。

(2) 課題を設定する力≒課題を明確にする力

　では，「具体的な一歩として，課題を共有する」ためには，どのようなことに気を付けたらいいのでしょうか。

　一番大切なのは，課題を明確にすることです。課題が明確にならない中で問題の解決に取り組もうとして，途中で挫折することが何度もありました。

　小学校では，様々な教科・領域を学びます。また社会的ルールや作法なども同時に学び，身に付けていく必要があります。

　身に付ける子どもの立場になって考えてみれば，同時期に，「あれも」「これも」身に付けなければなりません。

　器用な子どもは，「あれも」「これも」身に付けることは可能かもしれません。しかし，多くの子どもは，何個か取りこぼし

ながら、前に進んでいるでしょう。それでも成長しているならまだいい方です。「あれも」「これも」追いかけるあまり、「どれも」身に付かないことさえあると言えるでしょう。

(3) 課題を設定する力を育てるポイント

では、どのようなことに注意して、課題を設定する力≒課題を明確にする力を育てていけばいいのでしょうか？

①設定する課題は、振り返りやすいものにする

課題は何のために設定するのでしょうか？ それは、「できたか」「できなかったか」はっきりとさせるためです。もし「できた」ならば、次の新たな課題へとステップアップしますし、「できなかった」ら、課題を修正する必要があります。

子どもたちが設定する目標の多くは、「できたか」「できなかったか」がはっきりしません。冒頭に例としてあげた目標はどれも子どもたちの気持ちは伝わってくるけれど、振り返りづらい目標と言えるでしょう。

そこで目標に「物、人、場所、数」を入れるようにすると、目標が具体的になります。

 子どもたちが設定する目標に物、人、場所、数を入れる

※これは、有名な岩下修氏の著書『AさせたいならBと言え―心を動かす言葉の原則―』(明治図書, 1988) を参考に、目標として設定しやすいものを、私が設定したものです。

冒頭の目標を変えると以下のようになります。
・漢字を家に帰ったらすぐ，お母さんに見てもらいながら，1日30個練習をする。
・計算練習を朝自習の時間，問題集を使って，1日1ページ取り組む。
・たくさんの友達と仲よくなるために，1日5人の人と話をする。

　一気に「できたか」「できなかったか」が分かりやすくなります。特に数字を入れると，はっきりするのがお分かりでしょうか。

②対話の中から課題を見つける

　「自分のこと」というのは，分かっているようで意外と分かっていないことがあります。他人と対話することで，自分の中で大切にしていることは何か，自分の課題は何か気付くことがあります。

　課題を設定する際，友人や教師と課題について対話する時間をつくります。短く数秒交流するところから，じっくり語り合うことまで，時間や場面，必要性を考慮に入れ，活動を設定するといいでしょう。

　対話する際，どんなことに気を付けて聞けばいいのか，視点を与えると子どもたちは，生き生きと自分から対話するようになります。

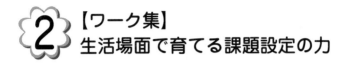

2 【ワーク集】生活場面で育てる課題設定の力

(1) 子どもたちの思いを形にする！行事指導

- 対象学年：全学年
- 時　間：30分
- ねらい：行事に向かって教師と子どもが目標設定することを通して、課題を設定する力を育む

概要

運動会や学習発表会などの行事になると、「遊んでいないで、すぐに○○しなさい」と叱ってしまうことが、よくあります。

行事に向かって子どもたちと目指す姿を一緒に確認して取り組むことで、子どもたちが主体的に取り組めるようにします。

流れ

❶教師は、「どんな◇◇◇（行事名）にしたいですか？」と子どもたちに尋ね、子どもたちの行事への思いを板書する。

❷教師は、子どもたちにその行事を通してどうなってほしいか、具体的な姿を提示し、目標を設定するように伝える。

❸教師は「考えた目標を発表しましょう」と伝え、子どもたちに目標とそう考えた理由を発表させる。

指導のポイント

　子どもたちの行事への思いを聞いていると,「楽しいものにしたい」「協力して取り組みたい」など,どこか漠然としたものが多いように思います。

　この実践は,そうした漠然としたものを,行動目標としてはっきりとさせ,それができたか,できなかったか振り返っていき,自分の成長を振り返られるようにします。

　そのためには,行動目標が具体的かどうかがとても重要になってきます。「けじめをつけて行動する」では,できたかどうか,振り返ることはとても難しいです。そうではなく,「運動会の練習中,移動は走る」と設定すると,「走ったかどうか」が振り返りの基準となり,振り返ることができます。

　「なぜ,できたか(できなかったか)」まで一緒に考えながら,他場面にも転用できる「成功術」にするといいでしょう。

 ## 評価のポイント

　ここでは,「できたかどうか」ではなく,自分の設定した目標に取り組もうとしているかどうか,その姿勢を評価していきます。

　「立てた目標に向かって忘れずに頑張っていますね。忘れないって大切なことですね」と子どもの姿から価値を見出し,伝えるとよいでしょう。

　取り組み中,課題の設定がずれていたと気付いたときは,途中で修正し取り組むとよいでしょう。

(2) 映像で発見！給食巧み技！

- 対象学年：全学年
- 時　間：20分
- ねらい：給食の準備や片づけの時間の映像を見ながら意見を交換し，明確に自分の課題を設定する力を育む

概要

給食の準備や片づけは，じっくりと指導し，子どもたちが成長するのを待つことが難しい場面だと思います。友達のキラリと輝く技を学級で共有することで，子どもたちが「できるようになろう！」と意欲をもつようになります。

流れ

❶教師は，「今から給食準備（片づけ）中の動画をテレビに写します。友達の様子を見て，いいなと思った行動を見つけましょう」と伝え，事前に撮影しておいた動画をテレビで流す。

❷教師は，「では，いいな！と思った行動とその理由を発表しましょう」と言い，子どもたちに発言させる。

❸教師は，「今，みんなが見つけた行動は，どれも巧み技です。自分が身に付けたい巧み技を決めて，付箋紙に書きましょう」と伝える。

❹教師は，書いたものを画用紙に1つにまとめ，掲示する。

指導のポイント

　子どもたちにとっては、先生の「○○をしなさい」という言葉よりも、同じ年齢の子どもの「光り輝く姿」の方が、心に響きます。何より、実際に動いている姿を見ることで、しっかりと理解することができます。

　実際に見る動画は、教師が「広めたい動き」を中心にしながら、様々な動きが映っているものを意図的に撮影し、子どもたちに見せるとよいでしょう。

　また、付箋紙に書いた目標は、時折、振り返る時間をとったり、巧み技免許としてカードを発行したりするなど、子どもたちが、自分で課題を設定したくなるように取り組むとよいでしょう。

評価のポイント

　この実践は、日常生活の中で「ただなんとなくの作業」となっているものに焦点をあて、目標を設定し、それに取り組む実践です。目標を的確に設定している子どもに注目して、評価していくとよいでしょう。

　自分の課題とかけ離れたところで目標を設定していたり、目標に具体性がなく、曖昧な目標を設定したりしている子どもには、相談しながら的確な目標を設定できるよう、支援していくとよいでしょう。

(3) 友達と協働して課題を設定する！掃除指導

> 対象学年：全学年
> 時　間：30分
> ねらい：掃除について一人一人の考えを確認する活動を通して，自己を見つめ課題を設定する力を育む

概要

毎日の掃除の振り返りがマンネリ化してきたら，子どもたち同士で語り合う場をつくります。子どもたちが，考えを交流する中で，自分の課題を受け止め，取り組めるようにします。

流れ

❶教師は，真剣に掃除をしている子どもを確認し，掃除についてどのように考えているか聞く。聞き終わったら，学級の友達にその考えを伝えるよう促し，了解をとる。

❷教師は，「最近，掃除について＊さんと話をする機会がありました。＊さんの考えを聞いてみましょう」と子どもたちに伝え，真剣に掃除をしていた子どもに話をするように促す。

❸教師は，「みんなの感想や考えを聞かせてください」と伝え，意見を聞く。

❹教師は「今，感じていること，考えていることを大切にして，掃除に取り組みましょう」と子どもたちに伝える。

指導のポイント

この実践は,普段,真面目にコツコツと掃除している子どもが前に立ち話をすることで,初めて効果が出ます。つまり,学級の全員が「あの子に言われたらしょうがない」と思うような子どもが話をすることで,その子どもの姿から自分の取り組みについて振り返りを行うのです。

教師が前面に出るのではなく,子どもが前に立ちますので,真剣な雰囲気がつくれなかったり,悪口が飛び交ったりするような学級では実施が難しいでしょう。

子どもが前で話をしたら,聞いていた子どもたちが正直に自分を振り返り,話をするようにすることが大切です。

 ## 評価のポイント

友達の話を,「うん,うん」とうなずいて聞いていたり,いつもより真剣な表情で話を聞いていたりする子どもを,評価します。子どもたちが発言した後,友達の意見を聞いて,自分を変えようとしている,「その姿勢」を評価するといいでしょう。

また,正直に自分のこれまでを振り返っている子どもも評価します。「今の発言は正直な発言でしたね。そこから成長していきましょうね」と励ましの言葉を掛けるといいでしょう。

※「友達と協働して課題を設定する!掃除指導」「子どもたちの思いを形にする!行事指導」は,ともに拙著『学級を最高のチームにする!365日の集団づくり 6年』(明治図書,2016)に指導の流れが載っています。合わせて参考にされるとよいでしょう。

3 子どもたちが対話をして学習課題をとらえる算数科授業

(1) 5年生「小数の除法」でよくある授業の導入場面

本時の目標

小数でわる意味を，既習の計算や数直線などを用いて筋道立てて考え，説明することができる。

上記のような目標に到達するために，以下のような学習問題があるとします。

> あるお店でナップザック用のひもを2.5m買ったら300円でした。このひも1mの値段は何円ですか。

研究授業ではなく，日常の算数の授業の冒頭において，以下のような手順で授業をすることはないでしょうか？

> ①本時の目標を子どもたちが理解できるような言葉に変えた「めあて」を教師が提示し，子どもたちはそれを写す。
> ②子どもたちが書き終えたところを見計らって，教師は学習問題を提示し，「分かっていること」「何が問われているか」などを確認する。必要に応じて，答えの導き方の「予想」を発表し，問題解決の見通しを学級で共有する。
> ③子どもたち一人一人が学習問題に取り組む。

何を隠そう，私もそういった授業を毎日のようにしてきた一人です。

　上記のような手順で行うと，子どもたちは授業の始まりのあいさつの後，めあてを書く活動を通して，「授業モード」になっていきます。姿勢や丁寧さ，時に本時のめあてを声に出して読むことで，子どもたちの主体性を引き出していきます。

　しかし，これでは授業の課題を毎回教師が提示していますので，課題を自ら設定する力は育ちません。大事なのは問題を発見したとき，その問題から課題を設定するところにあります。

(2) 子どもたちと対話をしながら課題を設定する

そこで次のようにします。

---

①それまで学習して身に付いている本時に必要な知識理解を，教師が問題を提示しながら学級全体で確認する。
②教師は，学習問題を提示し，「分かっていること」「何が問われているか」などを確認する。
③教師は本時の課題がどこにあるか問い，子どもたちと共有する。
④本時の目標を子どもたちが理解できるような言葉に変えた「めあて」を教師が提示し，子どもが写す。

※この流れは一例として提示しました。「何をノートに書くか」は，読者の皆さんの目の前にいる子どもたちの実態や教え方を考慮に入れて，設定してほしいと思います。

では具体的に見てみましょう。

①**それまで学習して身に付いている本時に必要な知識理解を，教師が問題を提示しながら学級全体で確認する。**

まず導入部で以下のように子どもたちに語りかけ，問題を提示します。

先生，この前，ナップザック用のひもが必要になりお店に買いに行きました。とってもいいひもを見つけたので（実物を見せる）3mで300円で買いました。1mの値段はいくらですか？

子どもたちは口々に「100円！」と言うでしょう。

そこで教師は，「式や図にして分かりやすく説明できますか？」と問います。子どもたちはそれまで習った既習の知識を使って説明するでしょう。

②**教師は，学習問題を提示し，「分かっていること」「何が問われているか」などを確認する。**

既習の知識をしっかり押さえたところで，続けます。

買ったひもの横におしゃれなひもがありました。とても素敵なひもだったので（実物を見せる）2.5mで300円で買いました。

1mの値段はいくらですか？

ここで子どもたちは本時の問題と出会います。先ほどまでは，

それまで学習したことを生かせば簡単に解ける問題でしたが，この問題はじっくり考える必要があります。

問題を提示し，「分かっていること」「何が問われているか」を整理していきます。

③ **教師は本時の課題がどこにあるか問い，子どもたちと共有する。**

教師は「今までと違い何が困りますか？」と問います。子どもたちは，「小数」が問題文の中に出てきたことに戸惑いを覚えていることを口々に言うでしょう。そこで，「ではリボンの長さが小数のときどんな式が立てられるかみんなで学習していきしょう」と呼びかけ，本時の課題を提示します。

④ **「本時の目標」を子どもたちが理解できるような言葉に変えた「めあて」を教師が提示する。子どもたちは，その「めあて」をノートに書く。**

> ひもの長さが小数のときはどんな式が立てられるか考えよう。

ここで初めて本時の学習課題が提示されます。

子どもたちと一緒に学習課題を設定することで，子どもたちが主体的に学習の課題をとらえることができます。

学級によっては配慮を要する子どもがいて，授業の冒頭で学習課題を提示し見通しをもたせる方が主体的に取り組める場合があります。子どもたちの実態に応じて，学習課題の掲示を工夫するとよいでしょう。

子どもたちが主体的に学習課題をとらえる社会科授業

(1) 社会の授業は課題を設定する力を育むチャンス

　社会科では，子どもたち自らが問題を追究し，解決する力が求められています。それは，小学校社会科の目標が，「公民的資質の育成」にあるからでしょう。

　小学校社会科ではよく，「問題解決的な学習」として単元の最初に子どもたちと学習問題をつくり，小単元を学習問題ごとに解決しながら，学習内容を理解していく方法がとられます。

　ここでは「課題設定」に焦点をあて，3年生の社会科「古くから残るくらしにかかわる道具，それらを使っていたころのくらしの様子」の単元において，どのように学習問題をつくるかオーソドックスな方法を示したいと思います。

(2) 3年生「昔のくらし」でよくある授業の導入場面

　社会科の教科書は各会社，よくできていて魅力的な資料が載っています。「古くから残るくらしにかかわる道具，それらを使っていたころのくらしの様子」を学習する際も，教科書に昔のくらしの絵や写真が詳しく載っているので，それを示しながら「昔の人のくらしってどんなものだったのでしょうか？」と発問し，子どもの興味を引き出しながら学習を進めていくのをよく見かけます。

　魅力的な資料を提示すると子どもはそれらに引き付けられ追

究しようとしますが，一方で一部の賢い子どもがもっている知識を発表するだけで終わってしまう授業となってしまうこともあります。

(3) 課題設定の前の段階をそろえる

そこでまず今のくらし方について，「今の家でのくらしに必要な道具って何だろう？」と投げかけます。

子どもたちは様々な道具を言うので，食事，掃除，洗濯，寝るとき，お風呂道具……，と分けていきます。「今の家でのくらし」と言っても，様々な家庭があります。学級全体で共有しながら，「今の家でのくらし」について一般的な解釈を共有します。

必要に応じて現代の生活が描いているようなイラストを見ながら，「今のくらし」について確認するとよいでしょう。

(4) 今のくらしと昔のくらしを比べる中で，「？」をつくる

出てきた道具の中で，「昔から使われていると思う道具は何だと思いますか？」と問います。ここで大事なのは，「昔」をいつ頃と設定するかです。「昔」と言っても，子どもたちにとってはまちまちです。「自分のおじいちゃんやおばあちゃんが子どもの頃」と設定するといいでしょう。

しっかりと「昔」はいつか確認した後，道具について確認していくと，子どもたちは箒や塵取り，茶わんや箸などと答えるでしょう。

そこで「では，昔にはなかった道具はどれだと思いますか？」と問います。すると電気製品を中心にたくさんのものが「なかったのではないか」と子どもたちは考えるようになります。実際授業をすると，昔から使われていたであろう物までも子どもたちは「なかった」と考えるようになります。

多くのものが「なかった」と子どもたちから意見が出るのが，食事の道具です。確かに食事の道具の多くはガスや電気で動くので，「なかった」と考えがちです。

ここで子どもたちの意識を，「食事」に絞ります。これは数多くの道具を調べていくと，それぞれの内容が広がっていってしまい，学習に深まりがなくなってしまうからです。それを防ぐために，最初の段階で，しっかりと絞り込みます。

もちろん，この後体験的に学習できる内容が食事の道具ではない場合は，そちらの道具に絞り込みをかけることになります。

最初に絞り込みをかけますが，「他の物も調べた」ことに関しては，あたたかく見守りながら指導していきます。

(5) 「？」を予想する

(4)の段階で，たくさん「なかった」と発言されると，「じゃあどうやって生活していたのだろう？」と自然に呟く子どもがいます。そうした呟きを見つけられたら，それを全体に紹介してもいいでしょう。

もしそういった呟きがあまり聞こえなかったら，「では，昔のくらしでは代わりにどんなものを使っていたのでしょうか？」と教師が子どもたちに問いかけます。

子どもたちはもっている知識や想像を駆使して,様々に説明を始めると思います。

　そこで子どもたち同士でグループを組んで,昔のくらしでは食事の準備をどのように行っているか予想します。

　子どもたちは楽しみながら,様々なことを考えるでしょう。図や絵を使うように伝えると,さらに子どもたちは意欲的に自分の考えを友達に伝えるようになります。

(6) 学習問題をつくる（課題設定をする）

　子どもたちが予想を立て,「調べてみたい！」と多くの子どもが考えている段階で,次のように伝えます。

> 　みんな,昔の食事の道具について予想を立てましたね。では,昔の人がどんな道具を使って食事の準備をしていたかみんなで実際に調べていきましょう。

　子どもたちはがぜんやる気になるでしょう。そこで黒板に,

> 　昔の人々は食事をじゅんびするとき,今とちがってどんな道具を使っていたのだろう？

と板書します。

　そしてその後は,昔の道具の使い方を調べるうちに,昔の生活における人々の知恵や工夫,そして願いを知り,生活様式が変わってきたことを課題として設定し,学習を進めていきます。

5 【授業の方法】本時の授業の課題をとらえなおす「課題読み」

(1) 課題を自分のものにするために声に出して読む

教材研究を丁寧に行い，授業の導入を工夫し，子どもたちと本時の課題を確認する，その一連の流れがスムーズだったとしても，本時の課題を黒板に書き，子どもたちがそれをノートに写すと，途端に「あれ？ 何をするんだっけ」と子どもたちが固まることはありませんか？

授業の導入から思考してきたものが，「板書をノートに写す」という違った活動になったと同時に，意識が「書く」という別の方に行ってしまうからだと考えています。

そこで，以下のようにして本時の課題をノートに写した後，もう一度，声に出して読むことで，本時の課題を確認します。

---

①教師は，本時の課題を黒板に板書する。
②子どもたちは，本時の板書をノートに写す。
③ノートに写し終わった子どもから，本時の課題を，（ア）姿勢（イ）口型（ウ）声の大きさの3つに気を付けて，繰り返し声に出して読む。
④全員が書き終えたところで，本時の課題を確認する。

(2) 声に出して読む際のポイント

　子どもたちは，教師が思っているよりも，「その場」で生きているときがあります。つまり，直前にやっていた活動と，今の活動がつながっていないときがあります。

　特に低学年の子どもたちは，声に出して読むことで理解が深まることがあります。

　どの教科でも，「本時の課題を書いたら，声に出して読む」ことが習慣として定着するよう，活動の流れを書いて，掲示しておくとよいでしょう。また下のように「練習」と黒板に貼っておくと子どもたちは，迷わず声に出して読むようになります。

(3) 姿勢・口型・声の大きさ，3つの視点で評価する

　「声に出して読む」のですから，声の出し方を以下のように評価します。

（ア）姿勢…背筋を伸ばし，足裏を地面に着けて読んでいるか？

（イ）口型…「あいうえお」の口の型がしっかりとされているか？

（ウ）声の大きさ…学級で決めた声の大きさで読んでいるか？

　これは，音読の基本でもあります。子どもたちは，しっかりと声を出すことを意識しながら，練習を重ね，本時の課題を理解していくようになります。

6 【エピソード集Ⅱ】課題がはっきりしたことで明るい表情になったYさん

　5年生の宿泊学習で海辺の生物観察をするために，あるグループでは，調べ学習を進めていました。調べたことをまとめ，学年の友達に発表するため，練習をしているときのことです。

　何やら，ゴニョゴニョともめているようでした。耳を澄ませて聞いていると，

> Yさん：「次の休み時間，発表の練習しよう」
> Uくん：「俺，委員会があるから難しいかな……」
> Ⅰくん：「俺も……」
> Yさん：「できる人だけでいいから集まってね」

という会話でした。

　Yさんはそのグループのまとめ役のようでした。その責任感から，授業時間以外の練習をグループに提案していました。グループの友達は，積極的に練習に協力しようとする友達がいる一方で，なんとなく引いている友達もいるようでした。

　何日かたったある日のこと，中休みが終わると，Yさんが泣いていました。何かあったのかな？と思いましたが，自分なりに気持ちを立て直して授業を受けようとしていたので，そっと見守りました。

　少し落ち着いたところで，私はYさんと話をしました。

> 私：「何かあったのですか？」
>
> Yさん：「みんなで休み時間に練習しないと，発表のとき困ると思うのだけれど，みんなは練習してくれなくて。みんなもそれぞれ理由はあるのは分かっているけれど，もうすぐ発表当日だと思ったらどうしたらいいか分からなくて……」
>
> 私：「混乱してしまったのだね」
>
> Yさん：（うなずく）
>
> 私：「Yさんが，今までグループの友達のことを考えて，一生懸命頑張ってきたことは，先生も見ていました。頑張っているなぁと感心していました。一番，困っていることは何ですか？」
>
> Yさん：「Sくんの準備ができていないことです」
>
> 私：「次に困っていることは何ですか？」
>
> Yさん：「練習のときにUくんが来ないことです」

　私はYさんと「自分の手に負えないこと」と「頑張って取り組みたいこと」を一緒に分類をし，「自分の手に負えないこと」は，友達にお願いするか，私がやることにしました。

　話を終えると，Yさんの顔がぱっと明るくなりました。彼女の中で，「やるべきこと」がはっきりして，「これならできる」と思ったのでしょう。私は，「また，困ったら相談してね」と伝えましたが，Yさんが相談に来ることはありませんでした。

第4章 子どもたちが自ら話し合う力を育てる

話し合う場面で育てる力

(1) 話合い活動で重要なことは，自分（たち）で決めたと自信をもって言えること

　私が話合い活動の魅力に取りつかれたのは，「クラス会議」という言葉に出会ったからです。私が「クラス会議」という言葉と出会ったきっかけは，赤坂真二氏が提唱する「赤坂版クラス会議」について，友人から説明を受けたことです。

　私はその言葉を聞いたときに，全身に電気が流れたような感覚になりました。「クラス会議……，なんて素敵な言葉だろう」。私の脳裏には，子どもたちが額を寄せ合って，自分たちの学級のことを，一生懸命話し合っている姿が浮かびました。すべてはイメージです。

　そのイメージに向かって，実践を積み重ねました。「子どもが自分事として，夢中で話し合うためにはどうしたらいいのだろう？」「表面的に話し合うのではなく，もっと深く，本音をぶつけ合って話し合えるためにはどうしたらいいのだろう？」と，日々考え続けました。

子どもたちが，あまりに一生懸命話し合っていて，自分でも予想しなかったような姿を見せるようになったとき，ふと立ち止まって「なぜ話合い活動をしているのだろう？」と考えました。そしていつの間にか，「話合いができるすごいクラス」を好むようになっている自分に気付き，愕然としました。

　話合い活動で最も大切なのは，課題を解決しようと一生懸命になる姿であり，解決した内容ではないと私は考えています。つまり，子どもたちが「自分たちで話し合ったこと」として，自信と誇りをもつことこそ，最も重要なことであると思うのです。

(2) 話し合う力≒より広い視野で物事を考え，どんな問題も解決できると自信をもつ力

　子どもたちにはどんな未来が待っているのでしょうか？

　新聞で一面をにぎわす話題は，地球温暖化，原発をはじめとしたエネルギー問題，少子高齢化，世界で頻発するテロリズム……，どれもスーパーヒーローが出てきて，一気に解決！といかないような，根の深い問題ばかりです。

　もしかしたら，完全解決なんていうことは，無理なのかもしれません。しかし，誰もがその問題に手を付けなかったら，どの問題も，人類を滅ぼしかねません。そのくらい重い問題です。

　そしてそれは，実生活にも直結している問題でもあります。

　地球温暖化が進めば，生活様式が変わります。住むところも変えなければならないことがあるかもしれません。

　エネルギー問題はこれからの経済活動，就職に大きく作用し

ますし,少子高齢化もまた,働き手という視点から経済活動とリンクしています。

これ以上,テロリズムが頻発すれば,自由に旅行をすることは難しくなるかもしれませんし,国内のイベントに出かけることもできなくなるかもしれません。

そう考えたとき,それらのことは他人事ではないのだと思います。そして,それらを自分のできることの範囲の中で,自分なりに取り組んでみようと思うことこそ,それらが解決するための第一歩なのでしょう。

ではそれらと向き合い,取り組んでみようと思うためには何が必要なのでしょうか?

それは,どんな問題も他者と協力すれば解決できるという自信と,より多くの人の立場に立って物事を考えようとする,メタ認知の力だと思います。

 話し合う力≒より広い視野で物事を考え,どんな問題も解決できると自信をもつ力

(3) 話し合う力を育てるポイント

話し合う力を育てるためには,無数の力を育てる必要があります。というのも,「話し合う」というのは,とても高度な行為だからです。

その無数の力の中から,絞りに絞って,まず最初の数歩,歩み出すためには何が必要か考えたとき,私は3つのポイントを

選びました。

①話す力を鍛える

当たり前ですが，話し合うのだから話せなければなりません。しかし，話すためには，考えることと声を出すことが最低限必要になります。

この2つを話し合う場面だけで育てようとするには，無理があります。やはり，日常指導できめ細かく指導し，鍛える必要があります。

②聞く力を鍛える

同じようにして，話し合うためには，聞けなければなりません。話すだけでは，「話合い」にはなりません。「合う」ためには，聞く必要があります。

聞くということは，相手を受け止めることです。話す相手がたとえ言葉の使い方が間違っていたとしても，その意味を理解し，そして自分の考えをつくっていくことで話合いは成立していくのです。

③話す量，聞く量を保障する

2つの力を鍛えるために話合い活動の場では，発言の質を求めないようにします。「よいこと」を言おうとすると，人は力が入って，あまりよいことは言えません。

体裁の整ったいいことではなく，とにかく自分の考えを発信し，そして相手の考えを受け止め合うことを繰り返し行う中で，話し合う力は育っていきます。

そうなるためには，まず話す量や聞く量を増やし，その力を養っていくことが大切です。

2 【ワーク集】生活場面で育てる話し合う力

(1) 自分たちだけで解決！掃除の反省会

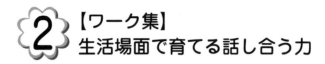

対象学年：全学年

時　間：5分

ねらい：子どもたちが発見した問題を話し合うことを通して，自分たちで解決しようとする態度を育てる

概要

第2章では，掃除の反省会の時間にどのようにして問題発見の力を育てるかをお示ししました。ここでは子どもたちが発見した問題を，どのように解決すればいいか指導していきます。

流れ

❶司会の子どもが「お知らせはありますか？」と伝える。グループの友達は挙手をして司会に指名されたら，話型（次ページ参照）に沿って，自分の考えを伝える。

❷司会は「＊＊さん，どうですか？」と本人（＊＊さん）に確認する。確認された本人（＊＊さん）は，「次から気を付けます」「〇〇という理由でやっていたので，それは難しいです」など，自分の考えを言う。

❸解決しない場合は、「誰か意見はありますか?」と言って、グループの友達の意見を募る。

指導のポイント

掃除の反省会で話し合うためには、子どもたちに自分の考えを友達に伝える方法を教える必要があります。

まず、最初に「問題発見」をした子どもは、感情的に意見を言うのではなく、丁寧に自分の考えを説明するようにします。そのために、下記のような話型を提示しておくとよいでしょう。

〈例〉私は○○しているとき、△△しているのをやめた方がいいと思います。どうしてかというと〜からです。

指摘を受けた子どもがそれに対して、しっかりと説明をする時間を確保します。自分に説明をする時間が保障されていると分かっていると、喧嘩になりづらいです。

どうしても、解決しない場合は、他の友達から意見を募ったり、教師が支援したりして解決に向かうといいでしょう。

評価のポイント

話合いで「次のとき、どうするか」しっかりと確認できたことをほめていきます。「問題が起きないことがいいことだ」と思っている子どもたちはたくさんいます。そうではなく、「問題を解決できるのがいいことだ」という価値を繰り返し確認し、解決に向けて話をよく聞いていたり、意見を言っていたりする子どもを認めていくとよいでしょう。

(2) 自分たちの課題を話し合う！リーダー会議

> 対象学年：全学年
> 時　間：15分
> ねらい：生活班の班長が休み時間に話し合うことを通して，自分たちで課題を解決する態度を育てる

 概要

生活班の班長が定期的に休み時間に集まり，自分たちの生活上の課題について話し合います。話合いを通して，自分たちで学校生活をつくっていこうという主体性が育ちます。

 流れ

❶休み時間に生活班の班長が集まる。司会の子どもは「これから，班長会議を始めます」とあいさつの言葉を言う。

❷司会の子どもは「何か自分たちで直した方がいいことがありますか」と言う。班長は順番に，自分の考えを伝える。

❸司会の子どもは，「この中でどれを話し合いますか？」と伝え，班長全員で意見を出し合い，解決したい話題を決める。

❹司会の子どもは，「解決策を言ってください」と伝え，解決策について話し合う。

❺司会の子どもは「解決策は〜に決まったので，班の友達に伝えましょう。取り組んだ結果は次回確認します」と伝える。

指導のポイント

休み時間に行うので，充実感や楽しい雰囲気を演出する必要があります。また，「自分たちで話し合っていることは，とても素晴らしいことだ」と，毎回の話合いの際，価値付けするといいでしょう。

話合いでは，「課題発見」「課題設定」「課題解決」の3つの場面があります。それぞれの場面で，班長となっている子どもたちが，自分の考えを堂々と述べられるよう，事前に「何か考えていますか？」と聞くなどして，支援しておくといいでしょう。

決まったことは，班の友達に伝え，1～2週間取り組みます。取り組んだことをもとに，次回話し合うと，少しずつ，自分（たち）の課題が見えてくるようになります。

評価のポイント

少人数であっても，「話合い」です。話合いの基礎的な作法について，事前に確認し，ほめていくとよいでしょう。特に，「聞いているかどうか」はとても大切です。

姿勢やうなずき方を見ながら，「○○がとてもいいよね」と伝えるとよいでしょう。

また様々な視点から考えて，解決策を述べようとしている子どもを見つけ，評価していきます。

話合いの質も大切ですが，自分たちで話し合っていることを大切にするとよいでしょう。

【ワーク集】子どもたちが楽しみながら授業で学ぶ「声の出し方」「話の聞き方」

　授業中,「声を出す」「しっかり聞く」ことを指導している方はたくさんいると思います。ここではその中で, 2つほど実践を紹介したいと思います。

(1) 意見をしっかりした声で伝えるための早口言葉指導

　「とてもよい意見を言っているのに,声が小さい」ということがよくあります。普段から,声を出す習慣をと思いますが,声を出すことに苦手意識をもつ子どももいます。

　音読の前や,授業中のちょっとした時間に早口言葉を練習することで,楽しみながら自然と声を出す習慣が身に付きます。

　以下のような流れで取り組みます。

①教師は,「今から声をしっかり出すために,早口言葉大会を始めます!」と明るい声で子どもたちに伝える。
②教師は早口言葉を板書し,「今から1分間練習しましょう。姿勢・口型・声の大きさに気を付けて3回連続で上手に言えたら,合格です。では練習を始めましょう」と伝える。
③教師は「それでは挑戦する人はいますか?」と聞き,挙手した子どもを指名する。指名された子どもは,発表する。

早口言葉は，短いフレーズのものが多いので，声を出すのが比較的に苦手な子どもも安心して取り組めます。また誰もが間違うことが多いことも魅力の一つです。

　早口言葉を見ると，思わず声に出して練習したくなります。楽しい雰囲気のもと練習できるよう，教師は笑顔でいましょう。

肩叩き機　　バナナの謎はまだ謎なのだ　　派出所
老若男女　　生米生麦生卵　　隣の竹やぶに竹立てかけた
マサチューセッツ州　　新春シャンソンショー　　手術中

　上記のような言葉を練習します。子どもによっては言葉の意味が分からないこともあるので，合わせて伝えるといいでしょう。早口言葉の後に，国語の音読指導をすると，とても活発に声を出すようになります。

　合格したら学級全員で拍手をしたり，手作りシールを作って渡したりすると，さらに意欲的に練習するようになります。

　この活動のワークのねらいは，「楽しく声を出すこと」ですので，とにかく少しでも声を出そうとしている子どもたちの姿勢をほめていきます。

〈シール例〉

　学級の友達の前で発表するときは，姿勢・口型・声の大きさの観点から評価します。失敗しても「口型がとてもよかったですよ」など，声を掛けることが大切です。

(2) 話し手が安心して話ができる！聞き方指導

「聞く」指導になると「しっかり聞きなさい」「ちゃんと聞いていたの？」と，抽象的な「聞く」の指導になりがちです。「相手を見て，うなずいて聞く」という基本的な作法について，学級で共有します。

以下のような流れで取り組みます。

①教師は，「今から『聞く』学習をします。まず2人組をつくり，話し役と聞き役を決めましょう」と伝える。

②教師は，「話し役は今から30秒間，今日，朝起きてから学校に来るまでを説明しましょう。聞き役は，相手がされて嫌な聞き方をします。それでは始めましょう」と伝える。

③教師は，「次に，話し手は今と同じをします。聞き役は，相手が話しやすいように，相づちなどをうちながら話を聞きましょう。それでは始めてください」と伝える。

④教師は，「2つの活動をして，気付いたことはありますか？」と尋ね，学級で意見をまとめる。

このワークの特徴は，「話をしにくい状態」と「話を肯定的に聞いてもらえる状態」を体験することで，しっかりと話を聞こうという意欲をもつところに，ゴールがあります。したがって，意欲をもてないような状態にならないよう，十分シミュレーションをしてから始めるといいでしょう。特に話し役が上手

に話せないことが多くあります。提示するテーマは,「誰もが」「安心して」話せるものにするといいでしょう。

　話し役と聞き役は,ワークの途中や意見をまとめた後,交代し,全員がどちらの役もできるようにします。基本的には,隣の友達とペアになって取り組みますが,3人組にして,順番に取り組むなど工夫するといいでしょう。

　ワークに取り組みながら,「相手の目を見ること」「うなずいて聞くこと」の2つが,話しやすい環境をつくる上で大切であることに気が付くようにします。もし,子どもたちからそのような意見が出ない場合は,教師側から提示し,全員で体験できるようにします。「笑顔で話を聞く」など,その他のものが子どもたちからの意見で出た場合は,優先順位を決めながら合わせて指導していくといいでしょう。

　このワークの後,学習や生活の場面で,「相手の目を見てうなずいて聞く」子どもを見かけたら,積極的に認めていき,繰り返し価値を確認することが大切です。

※この実践は研修に行くと,時折行われる有名なものです。私がこの実践を知ったのは民間セミナーでの赤坂真二氏の講座でした。もっと詳しく知りたい方は赤坂真二『赤坂版「クラス会議」完全マニュアル　人とつながって生きる子どもを育てる』(ほんの森出版,2014)をご参照ください。

子どもたちがどんな問題も解決できると自信をもつ話合い活動

(1) 話合い活動のねらい

　本章の冒頭でも書きましたが，話し合う力を育むためには指導のポイントがあります。

　そして授業内で話し合う力を付けることが一番できるのは，特別活動の話合い活動です。

　話合い活動では，教師が指導しようと前に出過ぎると，子どもたちは「自分がやらなくてもいい」と感じ，主体性が失われます。

　しかし，「子どもたちで話し合ってみましょう」と任せきりになると，意見がかみ合わず何をやっているか分からない状態になり，貴重な授業の時間を無駄にすることになります。

　そのあたりが話合い活動を指導するにあたり，難しいと言われる所以でしょう。

　ここで一度，話合い活動について整理してみます。

　なぜ学校現場で話合い活動を行うのでしょうか。

　文部科学省国立教育政策研究所教育課程研究センターから出されている指導資料「楽しく豊かな学級・学校生活をつくる特別活動小学校編」には学級会（話合い活動）の意義について次のように示されています。

> 　自分たちの力でよりよい生活を築くために、みんなで実践することをみんなで話し合って集団決定する自治的な話合い活動であることや、単に話合いの技術を身に付ける活動ではなく、相手の意見を尊重する態度を身に付け、望ましい人間関係を築く力を高めていく活動であること

　これを読むとクラスの友達のことを思いながら、みんなで決めていくことに話合いの意義があることが分かります。

　つまり、一部の子どもたちだけで質の高い話合い活動が行われていたり、話合い活動の後に何も実践されなかったりするようではいけないのです。

　話合い活動は、話合い活動だけに焦点をあてるのではなく、それ以前の子どもたちの思いや願いと、意思決定したその後、どのように行動していくかということと深くつながっていると言えます。

　先述した指導資料には、話合い活動の過程を「出し合う」「くらべ合う」「まとめる」3つに分類し、その順番で子どもたちが話し合うようにと示しています。

(2) 話合い活動の指導のポイント

　指導資料には指導のポイントが明記されています。ここではそこからさらに、私なりに考えた指導のポイントを以下に示します。読者の方は、これまでの話合い活動の指導を振り返りながら読んでみてはいかがでしょうか。

① 「出し合う」際,否定的な意見や素振りはしないというルールを徹底する。
② 「くらべ合う」際,賛成,反対意見を出し尽くすつもりで意見を述べ合う。
③ 「くらべ合う」際,反対意見に耳を傾け,反対意見を賛成意見に変えられるように促す。
④ 「まとめる」際,提案者の思いや提案理由に沿って解決されるように導く。

① **「出し合う」際,否定的な意見や素振りはしないというルールを徹底する。**

話合い活動が始まると,まず子どもたちから様々な意見が出されます。議題に対して意見を言うと,すぐに「反対される」ことがよくあります。

誰もが否定されるのは嫌なので,意見が誰からも出されなくなり,話合い活動が停滞します。

最初の「出し合う」段階では,「賛成意見」や「反対意見」もそうですが,「えー!」という発言や首をかしげるような素振りも含め否定的な意見や素振りをしてはいけないことを,子どもたちと確認します。

② **「くらべ合う」際,賛成,反対意見を出し尽くすつもりで意見を述べ合う。**

最初に「出し合う」で意見が出された後,「くらべ合う」では賛成意見や反対意見を伝え合います。

このとき，子どもたちに「いいことも悪いこともすべて出し尽くそう！」と呼びかけます。

　子どもたちの出した意見のうち，「いいことがたくさんあって，悪いことが少ない意見」が最も優れた意見です。そのことを子どもたちに伝え，どの意見が一番いいか考えるのです。

　子どもたちの多くは，「自分の好み」で意見を言います。もちろんそれは当たり前のことであり，また悪いことではありません。子どもたちの総意が好みで決まるのであれば，それはとてもよいことです。

　しかし，そのように話合い活動が進むと，少数意見に耳を傾けられなくなります。

　例えばクラスでスポーツ大会をして，親睦を深めようとするとします。

　クラスの男の子たちの多くは，地域にあるサッカーチームに所属していて，当然のように話合い活動でも「サッカーをやりたい」という意見が出てきます。

　このとき，「好み」で意見を言い合い，多数決を採るとサッカー大会に決まることになるでしょう。

　しかし，「よいことと悪いこと」を出し合うようにすると，苦手な友達の存在と向き合う必要があります。

　子どもたちは話合い活動を進める中で，「苦手な子どももサッカーを楽しめるようにするために工夫する」「それなら一層，

第4章　子どもたちが自ら話し合う力を育てる

みんなが楽しめるスポーツを考える」という2つの考え方の間で揺れ，結論を出していかなければなりません。

そしてこのことが，先ほど述べた話合い活動の意義になっていくと言えるのです。

③「くらべ合う」際，反対意見に耳を傾け，反対意見を賛成意見に変えられるように促す。

②と重複するところがありますが，「くらべ合う」中で賛成意見や反対意見が多く出されると，子どもたちが何を大切にしているかがだんだんと分かってきます。

そこで反対意見に注目させます。反対意見と聞くと，「何が何でも譲れない」というニュアンスに聞こえます。しかしよく意見を聞いていると，「心配なこと」である場合がほとんどです。

先ほどの例で考えてみれば，「サッカーは苦手な人がいる」「サッカーは全員がなかなかボールに触れない」「サッカーボールが体にあたると痛い」どれも「心配なこと」であります。

そこで話合い活動に慣れてきたら（もちろん最初からでも構いません）反対意見と言わず，「心配なこと」として意見を言うように子どもたちに伝えます。

そして「心配なこと」が，新しいアイディアや工夫することで解決するようにしていきます。

「心配なこと」を解決することに慣れてくると，話合い活動が子どもたちだけで深まるようになります。「心配なこと」を解決するためには，お互いの意見をよく聞き理解しなければならないのがその理由です。

④「まとめる」際，提案者の思いや提案理由に沿って解決されるように導く。

　最後に多数決を採る際，提案者の子どもに今回の議題についてどのように決めるか必ず確認するようにします。

　提案者の子どもはその際，どのような思いで話合いを聞いていたか話すようにします。

　話合い活動をしているとついつい夢中になって，自分たちの論理だけで進めてしまいがちです。しかし議題はあくまで提案者が提案した内容に沿って話合いが進まなければなりません。そうしないと集団の圧力によって，提案者の思いや困り感は押しつぶされてしまいます。

　クラスのみんなで，提案者の思いや困っている気持ちに沿って意思決定するのです。

　提案者が１人で決められない場合は多数決で決めます。この場合，提案者からクラスの友達にお願いする形で進められるといいでしょう。

　多数決で決める場合，どんな結果になってもそれに従うことも合わせて指導します。もし多数決が困る場合は，多数決を採る前にしっかりと自分の意見を述べなければなりません。

　多数決で決める場合のルールやマナーについても，一度しっかりと確認するとよいでしょう。

【授業の方法】子どもたちが生き生きと話し合うペア学習

(1) 隣の席の友達と相談できない子どもたち

普段,友達とかかわることが苦手な子どもが多くいます。ここでは,授業中に相談できない理由を考えながら,授業中どのようなことに気を付けてペア学習をすればいいのか,示していきます。

授業中,「隣の人と相談しましょう」と言っても,なかなか相談できない子どもがいます。以下の理由が考えられます。

①隣の友達との人間関係がよくない
②間違えて,からかわれるのが怖い
③教師の発問や指示の意味が分からず,困っている
④相談する必要性を感じていない

では,ペアで相談するとき,どのようなことに気を付けて指導すればいいでしょうか。

(2) 人間関係が理由でペアでの相談ができない

①や②の場合,人間関係に起因しているので,まずそこを解決するのがいいでしょう。具体的に言えば,席替えをするなどが考えられます。また,「間違いがない問い」を発問したとき,相談するようにしてもいいでしょう。「間違いがない問い」とは,「今の○○さんのスピーチを聞いて,感じたことを話し合いましょう」など,どの答えもその子どもが考えたこととして,

成立するもののことです。考える力もあって、話す力もあるのだけれど、人間関係の中で相談ができない子どもは、このような発問をすると、相談することができます。

(3) 教師の発問や指示が分からない

　分からないことがあったとき、「知っている人に尋ねて、教えてもらう」ことが、一番の簡単な解決方法です。これは小学校だけでなく、社会に出ても同じです。

　しかし、1年生から「しっかり先生の話は聞きましょう」と指導しているのは目にしますが、「先生の話を聞き逃した場合は、○○しましょう」という指導はあまり見かけません。

　基本的に、「教師の話は聞くものだ」という前提があるのかもしれません。

　子どもたちの中には話を聞き逃したとき、「どうやって聞いていいか分からない」子どもが多くいます。そういった子どもには、「分からないことがあったときの聞き方（話型）」を教えます。子どもたちと、以下の言葉を言ったら聞いていなかったこと、聞き逃したことを責めずに丁寧に教えるよう、ルールとして確認するといいでしょう。

「今、分からなかった（分からない）のだけれど、教えてもらっていい？」

　これは教師にも通用する話型としておくと、「今、言ったばかりです！」と叱ることもなく、不思議と優しく教えることができます。また、「上手に聞けていますね。友達にも同じように聞いて、分からなかったら教えますね」と友達とかかわるきっか

けづくりにすることもできます。また困っている友達がいたら，
「**何か分からないことはある？**」
と聞くといいことも教えると，いいでしょう。「教えすぎ」「教えていいのか迷いすぎ」な子どもたちの手助けになります。

　先ほどの言葉を，以下のような小話もまぜて指導してみてはどうでしょう？

　先生が大学の最後に，友達と外国に旅行に行ったときの話です。

　あるとき，友達と別行動をしました。先生はあまり英語が得意ではありませんでした。そんな先生が，道に迷ってしまいました。ピンチです。

　先生は，いろんな標識や持っていたガイドブックを見てみましたが，それでもさっぱり分かりませんでした。

　そこで勇気を出して，歩いていた外国人に自信のない英語で尋ねてみました。するとその外国人は，一緒に分かるところまで歩いてくれ，地図を指さして教えてくれました。

　これは，どこに行っても同じでした。英語が分からなくて，「分からない」と言うと，他のいろんな手を使って教えてくれました。

　それから先生は，自分で考えてもまず分かりそうにないことは，早めに人に聞こうと思いました。すぐに答えを聞くのは問題だけれど，「やり方」はどんどん友達に聞いて，覚えていくといいと思います。

(4) 相談する必要性を感じていない

　相談した後，手を挙げた子どもだけが発言することを繰り返していくと，興味のある内容のとき以外は，一生懸命相談することはなくなっていきます。

　子どもたちは口では言いませんが，「言っても言わなくても正解を教えてくれる」と思っているのではないでしょうか。

　そこで，相談することに必然性をもたせます。以下のルールを提示してはどうでしょう？

・教師が，「相談しましょう」と言ったら，まず隣の友達と相談する。
・隣の友達と相談しても分からない場合は，他の友達と相談してもよい。
・時間内に相談して，自分なりの考えを必ずもつこと。

　時間制限を設け，テンポよく授業を展開していきます。子どもたちの姿をよく観察し，たとえ時間内に考えをもてなかったとしても，一生懸命考えようとしていたら，その姿を評価していきます。

　はじめは前の時間の授業の確認など簡単に答えられるような発問を多くしていき，全員が答えられる状態を「普通のこと」にしていきます。

相談しましょう

6 【エピソード集Ⅲ】話合い活動のもつ力 〜子どもたちが教えてくれたこと〜

> 私は，今日のみんなの意見から，もっと私たちの学校をよくしたいという気持ちが伝わってきました。来年は，5年生は新6年生として頑張ってください。そして，他の学年の人たちは，新6年生を支えてあげてください。

4〜6年生の各学級代表，委員会の代表が集まって，毎月1回話合いを行う代表委員会というものがあります。私が勤務していた学校では，放課後に担当の子どもたちが残って，話し合っていました。私が担当に就任した当時は，早く帰って遊びたい中，仕方なく集まった担当の子どもたちが我慢しながら話し合う時間でした。

冒頭で紹介した子どもの言葉は，年度末，最後の代表委員会のとき，司会の6年生の一人が話をしたものです。

もちろん話合い活動だけで，このような言葉が出てくるとは思いません。しかし放課後に，充実した話合い活動がなければ，このような言葉は出てこないと思います。

そして何より冒頭の言葉の子どもから，他者への労りや，自分の小学校への誇りが感じられます。

彼女が話し終えた後，教室いっぱいに拍手の音が響き渡りました。それは，自分たちへ向けての拍手でもあったと思います。

この後，司会であるもう一人の女の子が話し始めます。

その日の話合いは，2つの柱（検討内容）と，1つの報告がありました。一つ一つの話合いのいいところを話し終えた後のことです。

> 　やっぱり，みんなで話し合うとこんなにいい意見が出るので，代表委員会はこれからもっといい場所になると思います。来年は，今の5年生が引っ張っていくと思うので，よろしくお願いします。

　話し合うということは，最終的にいい方向に導くということなのだと，この子どもは思っているのでしょう。

　そして自分たちと一緒にこの場をつくり上げた5年生が，当然来年はこの場にやってきて，そして今よりももっと熱い議論をしてくれることを信じて疑っていない様子が伝わってきます。

　私は，「話合いの仕方」をこの年，丁寧に教えました。しかし，結論は彼ら・彼女らに委ねました。委ねた以上は教師が責任を取らなければいけないので，子どもたちの見えないところで，相当の苦労がありました。

　そうやって頑張った彼ら・彼女らは，自分たちで話し合い，そして結論を出していきます。確かに，教師が出した結論の方が，効率のいい，うまくいく答えだったかもしれません。

　しかし，子どもたちの出した結論は，時に躍動感に満ちあふれ，充実した活動となっていました。その陰には，頭から湯気が出るくらい考えに考えて話し合った，子どもたちの話合いがあったのです。

第5章 子どもたちが主体的に試行錯誤する力を育てる

試行錯誤する場面で育てる力

(1) 教師が子どもたちの試行錯誤する時間を奪っている

ただひたすらに,自分の満足がいくまで1人で好きなことを休み時間に取り組んでいる子どもを,見かけることがあります。

しかもその多くは,新年度,新しい学級が始まったばかりの頃に見かけます。

その子どもたちの多くは,「自分から友達とつながれない子ども」というよりは,今まで積み上げてきた自分の世界を,新しい学級が始まったとしても,同じように続けていこうとする姿に見えました。「誰かに分かってもらいたい」とか「誰かと一緒にやりたい」というような気持ちよりも,「とにかくそれをやっていると自分の時間が過ごせる」という強い気持ちが伝わってきます。

私はそんな子どもたちを見ると,とにかくその世界観だけは壊さないようにしよう,できればその子どもの世界観を,少しでも多くの友達に覗いてもらい,知ってほしいなとそんな願い

をもちます。

　教師は，教師自身の正解に向かって子どもたちが試行錯誤する姿を好む傾向があると思います。それは，学校現場で教育活動をしていれば当たり前のことです。

　学校は見ようによっては，教科という枠内で，「教えなければならないこと」を伝える場であるし，学業だけではなく「躾」という部分も担っているからです。

　一生懸命試行錯誤しながら，かけ算を覚えようとしている子どもがいたとき，その内容が間違っていたら，やはり教えるのが教師の役割です。友達から嫌なことをされたとき，試行錯誤しながら友達に仕返しの方法を考えていたら，称賛することはできません。

　しかし，子どもたちにしっかり教えようとすればするほど，「子どもたちが試してみる時間」「間違いながら修正する時間」を奪ってしまう傾向にあるのではないでしょうか。

　そして一度そちらに流れだすと，正解の範囲もまた狭めて，教師が求める固定化した人間像に押し込もうとします。

　こういった考えは，油断すると心の中にスルスルと入ってきて，そして当たり前のように指導の中心に居座ります。

　そのようにして育てられた子どもたちが，将来社会に出たとき，社会の荒波に耐えることができるでしょうか。

　今，世の中は厳しい時代です。どんなことがあっても自分は乗り越えていけると，強い信念をもって生きていけることは，何よりも大切なことなのではないでしょうか。

(2) 試行錯誤する力≒課題を把握する力＆自己決定する力

では試行錯誤する力とはなんでしょうか？　私は試行錯誤するとき，何より大切なのは「一歩目」だと思っています。大抵の物事は，動き出したその一歩に最大の力を使い，動き出してしまうとその力は少しで済んでしまうことが多いように思います。物理学で言う摩擦力で考えるといいかもしれません。

では，その一歩目に必要なものは何でしょうか？

それは課題を把握する力と自己決定する力だと考えています。

試行錯誤する力≒課題を把握する力＆自己決定する力

(3) 試行錯誤する力を育てるポイント

①時間を設定し，見通しをもたせる

先ほど「教師が子どもたちの試行錯誤する時間を奪っている」と述べましたが，子どもが思考錯誤する時間を望むだけ与えたらどうなるでしょうか。

きっと多くの子どもにとって，生き生きと活動するのは最初だけでだんだんとダラダラと活動することになるでしょう。

したがって子どもたちに設定する時間は十分与えますが，与え過ぎないように注意が必要です。

時間を設定したら，子どもたちに先にその時間を伝えます。

どのくらいの時間が設定されているか理解することで，自分なりに見通しをもって子どもたちは活動するようになるでしょう。

子どもたちは見通しをもつことで安心していろいろなことを試し，そして学んでいくのです。

②自分の気持ちや取り組みを言葉にする

自分の課題を把握して，様々なことを試し始めたら，教師は活動の様子を見ながら「今，どんなことをしているのですか？」と尋ねます。

子どもたちはその活動に夢中になればなるほど，楽しそうに話をするでしょう。その話をよく聞きながら，適宜アドバイスをするとよいでしょう。

また，活動があまりうまくいっていない場合は，困っている内容を教師とその子どもで一緒に共有します。教師が直接話を聞きながら，話の内容を整理することで，また挑戦してみようという意欲につながります。

上記に示した教師の役割を，子どもたち同士でできるとさらによいです。

担任の教師が子どもたちの話を聞くことには，やはり限界があります。子どもたちの人数が増えれば増えるほど，どうしても優先順位の高い順に話を聞くことになってしまい，結果的に「全員の子どもたちを育てる」ことは難しくなります。

子どもたちは感じていることや考えていることを言葉にしながら，どのようにして取り組んでいけばいいか，メタ認知します。そうすることで，課題を明確にとらえ，取り組む意欲につながっていくのです。

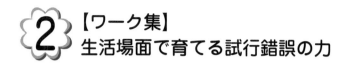

2 【ワーク集】生活場面で育てる試行錯誤の力

(1) 子どもたちが夢中で試行錯誤するお楽しみ会

対象学年：全学年

時　間：2時間〜

ねらい：学級集会の取り組みを通して、友達と協力して試行錯誤する力を育む

概要

学級集会（お楽しみ会）は、子どもたちにとって大好きな学級イベントの一つです。ねらいを定め、上手に役割分担をすると、子どもたちは自分の仕事に夢中になって取り組みます。

今回は学級全員で役割分担して取り組む方法をご紹介します。

流れ

❶教師が学級集会のねらいを明確にする。

❷教師は大まかな当日までの計画を立て、活動を見通す。

❸子どもたちで役割を決める。（❶〜❸で1時間）

❹子どもたちが学級集会に向けて準備に取り組む。

❺当日、学級集会を行う。

❻子どもたちは振り返りをする。（❺〜❻で1時間）

指導のポイント

　まず一番大切なことは、学級集会のねらいを明確にすることです。学級集会は教育活動の一つです。「子どもたちが楽しそうにしていればそれでいい」ということではなく、「その活動を通して、一人一人が成長した」と言えなければなりません。

　「一人一人が成長した」と言えるためには、その規準となるべく活動のねらいが必要になります。

　文部科学省『小学校学習指導要領解説特別活動編』（2008年8月）には、「発達の段階に即した指導のめやす」として次のページのように示しています。

　各学年の発達段階を考慮に入れることも大切ですが、それまでの学級集会の経験もまた、しっかりと加味してねらいを定めます。

　それまで学級集会をあまり経験してこなかった子どもたちに「豊かさ」を求めても、苦しくなってきます。きっと「試行錯誤」しないで、安易な方法をとることでしょう。

　大切なのは、子どもたちが「もっと取り組みたい」という先に、教師の定めたねらいがあるかどうかなのです。

　ねらいを定めたら、当日までの大まかな日程の見通しをもちます。学校行事などを考慮に入れながら、計画を立てます。

　ねらいと日程については、必要に応じて子どもたちに提示するといいでしょう。ただし、教師から一方的に提示するのではなく、学級で中心になって進める実行委員や係などを組織して、子どもたちが自分たちで取り組んでいる雰囲気を大切にしなが

ら，提示できるといいでしょう。

発達の段階に即した指導のめやす（集会活動）

低学年	仲良く助け合い学級生活を楽しくする ・入門期には教師が主導して楽しい集会活動を多く経験できるようにする。 ・児童が集会の内容を選択し，簡単な役割や準備をみんなで分担して，誰とでも仲良く集会活動を楽しむことができるようにする。
中学年	協力し合って楽しい学級生活をつくる ・集会活動の経験を生かし，ねらいを明確にして，創意工夫を加え，より多様な集会活動に取り組めるようにする。 ・計画や運営，準備などにおける役割を，より多くの児童が分担し，協力し合って楽しい集会活動をつくることができるようにする。
高学年	信頼し支え合って楽しく豊かな学級や学校生活をつくる ・児童会活動やクラブ活動の経験を生かして，学級生活を楽しく豊かにするための活動に取り組めるようにする。 ・話合い活動によって，互いのよさを生かしたり，反省を生かしたりして，信頼し支え合って創意工夫のある集会活動をつくることができるようにする。

文部科学省『小学校学習指導要領解説特別活動編』（2008年8月）P.55より一部抜粋（下線は著者によるもの）。

評価のポイント

「学級集会がうまくいかない」と嘆いている先生方の中には、「子どもたちが進んで行動しない」ことに悩んでいる方もいるのではないでしょうか。

子どもたちが自分なりに考え、行動する姿、試行錯誤する姿を認めていくと言っても、子どもたちが行動しなければ何も評価できません。

しかし、本当に子どもたちは行動していないかと言ったらそんなことはありません。よく子どもたちを見ると、友達に自分から声を掛けたり、取り組みを進めようと準備したりする姿が見られます。その第一歩を見逃さず、評価することが大切でしょう。

その際、「自分から動き出しましたね！」「断られても、諦めない心が大切だよね」など、取り組み始めようとした気持ちを評価し、子どもたちが「うまくいかなくても、続けていこう」と思えるように励ましていきます。

それでもうまくいかないような場合、見通しがもてていない場合は、もう一度その子どもやグループの子どもとよく話し合い、取り組みを確認するといいでしょう。

多くの子どもたちが生き生きと活動するようになったら、学級集会のねらいに即した評価を子どもたちにします。「みんなが楽しめるようなゲームですね」「プレゼントをもらった友達がうれしくなるように工夫されていますね」など、声掛けをするとよいでしょう。

(2) 子どもたちが真剣に掃除を始める「特別任務」

- 対象学年：全学年
- 時　間：掃除の時間２週間程度
- ねらい：掃除分担にない場所を自分で考えながら掃除することを通して，試行錯誤する力を育む

概要

ある程度，学級の掃除システムが確立されてきたら，「特別任務」という分担を用意します。自分で場所を決め，掃除をすることで自分なりに試しながら取り組む力が育ちます。

流れ

❶教師は「今日から特別任務という掃除分担をつくります」と言い，子どもたちに新しい掃除分担ができることを伝える。

❷教師は以下の内容が，「特別任務」という掃除分担であることを説明する。
- ・今までの分担ではきれいになりづらい場所に取り組むこと
- ・一度決めたら，きれいになるまで取り組み続けること
- ・何か道具が必要な場合は，教師に相談すること

❸教師は「内容は分かりましたね。では，最初は＊＊さんたちが分担になります。どこを掃除するか決めたら，先生に報告しに来てください」と伝える。

指導のポイント

　この「特別任務」という分担は、試行錯誤の力を育てるために行います。したがって「問題発見」や「課題設定」の力が育っていない場合は、教師から「○○の場所をやってほしいのですが、どうですか？」と提案します。以下のような場所はどうでしょうか？

　・給食の配膳をする場所の床の汚れ
　・教室や廊下の窓の桟
　・ゴミ箱周りやテレビ周り
　・教室の机にこびり付いた汚れ

　どれも掃除システムの中に入っているとさほど汚れないところですが、人数の関係で分担していないと汚れてきます。

　長い間積み重なった汚れを落とすためにどうしたらいいか、子どもたちと一緒に考えながら取り組むといいでしょう。

評価のポイント

　普段掃除をしない場所は、きれいになったかどうかが分かりやすくなっています。取り組む際、子どもたちにどこまでできたらゴールか、しっかりと確認して取り組み始めます。

　取り組みを始めたらしっかりときれいになっているか、なっていないとしたらどうすればいいか、子どもたちと考えます。考える中で、いろいろなアイディアを出したり、一生懸命取り組んだりする姿を見つけ、評価します。「これは！」という姿や方法は、学級で共有するといいでしょう。

(3) 子どもたちが友達と楽しく取り組む係活動

> 対象学年：全学年
> 時　間：5分
> ねらい：係活動を通して，友達と協力しながら試行錯誤する力を養う

概要

子どもたちにとって係活動は，学校生活の中でも一番，「試行錯誤」が許される時間でしょう。それは係活動の価値が，見た目の美しさやすごさで問われるものではなく，学級の友達の満足度で問われるからと言っていいでしょう。

以下のように係設立の条件を設定して，子どもたちが学級の友達のために，取り組めるようにします。

係設立の条件

❶学級の友達の学校生活が楽しくなるための活動を行うこと
❷係は，1人何個加入してもよい。
❸係を設立する際は，その活動内容を決め教師に申し出る。所定のポスターを作成し，それを掲示した時点で設立とする。
❹後から係に加入する際は，メンバーに断り，ポスターに名前を記入する。
❺係から抜ける際は，メンバーに断り，ポスターの名前を消す。

指導のポイント

　子どもたちが，休み時間や放課後に，係活動に取り組むためには，何より最初の段階で時間を確保することが大切です。よほどそれまでに鍛えられていない限り，「学期の最初に時間をとって，あとは子どもたちの自主性に任せる」やり方では，一部の能力のある子どもたちだけの活動となってしまいます。

　子どもたちは，活動に見通しがもてると，どんどん行動するようになります。係の打ち合わせの時間を多く設定するといいでしょう。

　と言っても，日々の生活の中では，なかなかそこまで時間を確保することは難しいと思います。そこで以下のようにします。

・毎週○曜日は，登校から始業までの時間は，係の打ち合わせの時間
・毎月7のつく日は，係ごと給食
・授業が早めに終わったら，係打ち合わせの時間

　活動をメインにするのではなく，あくまで打ち合わせをメインにするのです。決められた時間，とりあえず集まるといろいろなアイディアが集まります。アイディアが集まると，行動したくなります。そうしているうちに子どもたちは自分から行動するようになっていきます。

　いくつも係に加入していると，打ち合わせが難しい場合があります。そういった場合は，優先順位をつけるよう声掛けをするといいでしょう。

　また打ち合わせの時間に1人になってしまうこともあります。

教師が子どもたち一人一人を見守り，1人になっても見通しをもつことができているか，常に確認することが大切です。

係のポスターは係名とメンバー，活動内容がはっきりと見えるものがいいでしょう。メンバーは加入したり，抜けたりすることがあるので，「スペースに余裕をもつ」「鉛筆で記入させる」などしておくとよいでしょう。

子どもたちが思い思いに表現したカラフルなポスターもいいですが，遠くからでもしっかりと読める大きさの字で書いたり，まとまりごとに色が同じだったりと，見る人にとって見やすいポスターであることが大切であることを子どもたちに伝えます。

係活動が活発になってくると，他の係と連携することを勧めるとよいでしょう。係同士が連携することで，その活動がより豊かなものになります。

評価のポイント

子どもたちが，自分から取り組む姿，それまでの取り組みを改善する姿を見つけ，評価していきます。

休み時間に取り組んでいる子どもに，「あれ？何しているのですか？」と尋ね，その子どもから話を聞くなど，教師がその活動に興味をもつことから始めるといいでしょう。ただし，子どもによっては取り組み中に話しかけられるのを好まない子どももいます。そういった場合は，別の時間に「あのとき，何していたのですか？」と尋ねることが効果的です。

係活動が停滞しがちな2人組の係も，そうして話をしているうちに係の輪が広がっていきます。

3 子どもたちが自分たちで「実感を伴った理解」をする理科授業

(1) 単元の最初で子どもたちに委ねる

　理科の授業では，決められた実験を一度きり行い，それを学級全体で集約した中で，自然の法則を見出す方法が多く取られていると思います。

　本来，科学的な研究では，何度も何度も実験を繰り返す中でデータを検証し，自然の法則を見出すことの方が一般的です。

　子どもたちに委ねると，実験が遊びになり，理解が深まりにくいと考えがちです。単元にもよりますが，子どもたちに活動を委ね，何度も試行錯誤する中で得られる理解の方が，小学校の理科教育の目指す「実感を伴った理解」がされやすいと私は感じています。

　子どもたちに委ねることで，自然と子どもたち同士が対話し始め，主体的に問題を解決しようとします。この2つが促進されることによって，「実感を伴った理解」がよりなされるのです。

 子どもたちに委ねると，対話が生まれ，主体的に問題を解決するようになり，「実感を伴った理解」へとつながる

(2) 身に付けさせたい知識を子どもたちの行動から見つける

そのために，単元の最初に提示する活動を解決すると，単元全体の学習内容が解決するような問題を，冒頭に提示します。

子どもたちは，提示した問題を解決する中で，様々なことを発見していきます。子どもたちが無意識にとる様々な行動が，教師から見ると「価値ある知識」と結びつくことが多くあります。教師は，どの行為が「価値ある知識」と結びつくか，子どもたちの活動をよく観察します。

教師は，「身に付けさせたい知識」を考慮に入れながら，子どもたちの行動をよく観察する

(3) 子どもたちの無意識を，学級全体で共有する

教師は子どもたちが見つけた発見を，学級全体で共有する役割を担います。子どもたちが提示した問題をうまく解決できなかったり，気付くべき内容に気付かなかったりする場合は，「○○はどうなっていますか（どうなりますか）？」と，適宜質問しながら，子どもたちの活動を見守るといいでしょう。

教師は，子どもたちの発見を学級全体に共有する

では次のページ以降で授業の進め方を見ていきましょう。

(4) 5年生「流れる水のはたらき」

単元の導入を以下のようにして始めます。

> 教　師：(黒板に「流れる水のはたらき」と板書する)
> 　　　　これから流れる水のはたらきについて学習します。流れる水とは，何のことでしょう？
> 子ども：(子どもたちが思い思いに呟く)
> 教　師：いろいろ思いついたと思いますが，ここでは，川について学習します。では次の質問をします。川はなぜ，流れるのでしょう？
> 子ども：水があふれているところがあって，そこから次々に流れてくると思います。
> 子ども：山の上で雨が降って，坂をすべるようにして水が流れているのだと思います。

　水が流れるためには，水と傾斜の２つの要素がないと成立しないことを，まずしっかりと確認します。住んでいる場所にもよりますが，傾斜を感じられない川と触れていると，この当たり前のことが，抜けていることがあります。

> 教　師：では今から，校庭の造形砂場で，山をつくり，そこから水を流し，様子を観察してみましょう。以下のルールを守りましょう。

そう伝えて，ルールを確認します。この実践は，子どもたちに委ねて，試行錯誤させる中で，「実感を伴った理解」をすることが大切です。教師が「好きなようにやっていいよ」と伝え，子どもたちが「好き放題やりだしたら叱る」のであれば，最初から教室の座学で学んだ方がいいのです。

　子どもたちの実態によって，ルールを設定しますが，概ね以下の内容がクリアされていれば，それほど大きなトラブルは起きないでしょう。

□水や砂，泥を友達にかけないように注意する。かけてしまったら一度動きを止め，しっかりと謝る。
□活動は時間で区切る。先生が，「やめ」と言ったら，必ず手を止めること。
□「流れる水のはたらき」を学習するので，水に注目すること。

　学級の人数や活動場所によって，活動をする人と観察する人に分けてもいいでしょう。子どもたちのトラブルを予想し，動線やルールを何度もシミュレーションすることが大切です。

　ルールを確認したら，大きな砂山をつくります。子どもたちと一緒につくると，5，6分で大きな山ができます。

　山頂から水を流すようにしますが，水の流れで穴が開くことがあります。紙コップなどを置き，水がわき出るイメージをつくるといいでしょう。

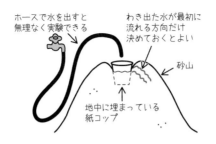

> 教　師：では，水を流します。自然の様子の観察なので，手は出さないで観察をしましょう。みんなでカウントダウンをしましょう。
>
> 全　員：3，2，1，スタート!!

　山が大きければ大きいほど，苦労が報われる瞬間です。ドキドキの瞬間はカウントダウンなどして雰囲気を盛り上げると，その後の学習も主体的になります。

　初めの観察で，「流れる水には，土地を侵食したり，石や土などを運搬したり堆積させたりする働きがあること」（文部科学省『小学校学習指導要領解説理科編』2008年8月）に気付く子どもが多くいます。多くの子どもたちが3つの要素に気が付いているようであれば，一度，ノートに記入する時間をとり，学級全体で確認するとよいでしょう。

　気付かない子どもがいる場合は，そのまま活動は続けていきます。

> 教　師：みんな，流れる水のはたらきを発見できましたか？　ではここからは，川の近くで人が住めるように，友達と相談しながら，流れを自由に変えてみましょう。時間は5分間です。

　時間は5分間を目安に調節します。時間が長いと，友達と協力して取り組むことができますが，複雑に川が入り組み，水を流したときに結果が出るまで時間がかかります。短くするとその逆になります。

　時間になったら，水を流し見守ります。程度の差はありますが，水を流し続けると，子どもたちのつくったものは流されていきます。

　この活動を何度も繰り返していくと，そのうち，子どもたちはカーブの外側を固め始めます。また，山の下の方にたまった泥の存在にも気が付きます。

　何度か活動を繰り返した後，「どうしてそうしたのですか？」と学級全体に投げかけ，考えを深めていきます。

　子どもたちが「流れる水には，土地を侵食したり，石や土などを運搬したり堆積させたりするはたらきがあること」，またそれが，水の流れの速さに関係することを理解したら，条件を「大雨が降ったとき」に変えます。

大雨が降ると、川に流れ込む水の量は増えます。そうなると、どうなるか予想を立てさせ、実験を行います。持っている小さなシャベルを水の流れるところにあてたり、大きなダムを上流に作って水をためる場所を作ったりする姿は、実際の対策とほとんど同じと言っていいでしょう。

　大雨から町を守るためにどうするか、試行錯誤しながら解決する活動を通して、「雨の降り方によって、流れる水の速さや水の量が変わり、増水により土地の様子が大きく変化する場合があること」（前掲書）を理解していきます。

　「川の上流と下流によって、川原の石の大きさや形に違いがあること」（前掲書）は、なかなか砂場の実験では、理解することができません。

　しかし、よく見ると、上流に残っている砂の粒は若干大きく、下流にたまる砂の粒はきめ細かいものが多いです。教室などで、写真や動画を使って確認した後、実際の実験で注目することで、知識の定着に役立てます。

※本実践も、第2章同様、大前暁政氏の著書から学ばせていただき、自分なりに実践を積み重ねたものです。巻末の参考文献をご参照ください。

【授業の方法】自らの足で答えをつかめ！立ち歩き式学習

(1) 授業にタイムロスはつきもの

　授業の時間は，個人で課題を解決する時間と，2人以上の集団で話し合いながら課題を解決する時間の2種類に分けることができます。それぞれの時間は，個人の知識や能力によって，タイムロスが生まれてしまいます。以下の方法で，そのタイムロスをなくし，一人一人の試行錯誤の時間を保障します。

---

①教師は，「今から，学習問題を提示します。以下のルールを守って解きましょう」と伝え，ルールを示す。
　・まずは，学習問題を一人一人が解決する。
　・自分の力では学習問題を解決できない場合は，友達と相談して，学習問題を解決する。（まずは隣の友達，次に生活班の友達，最後に立ち歩いてよいこととする）
　・学習問題が解決したら，「分かりやすく」説明できるように，友達と相談する。（相談相手は，上記と同じ）
②教師は，「それでは学習問題を提示します。始めましょう」と伝え，子どもたちを見守り，必要に応じて支援する。

(2) 最低限のルールを確認することで子どもたちは自由に学ぶ

　子どもたちが主体的に学習し、思考の中で問いが生まれると、自然とその内容について誰かと話がしたくなります。

　普段、教師はその思考を自分のものにしてほしいがために、個人思考の時間を設定しがちです。

　もちろん、じっくりと個人で考えるからこそ、到達する考えや、身に付く力があることは否定しません。

　この方法は、個人でじっくり考えたい子どもは個人思考を選び、友達と対話しながら考えたい子どもは、共同思考を行うことができます。

　それぞれが選んだ方法を尊重し合えるよう、ルールをしっかり確認することが大切です。また必要に応じて、「今、ちょっと話していい？」「ありがとう」など声の掛け方やお礼の言い方を学級で確認するといいでしょう。

　この方法をすると、「答えのみ」を確認して、正解探しをしてしまうことがよくあります。あくまで、この方法は、考えの交流であることを確認し、その姿を評価します。

　交流中は、お互いの意見を聞く姿や、相手の意見に対してコメントする姿を見つけ、「相手の意見をしっかり聞いているね」と声を掛けます。また相手の意見を聞いて、自分の考え方を修正している子どもには、「自分たちで話し合い、考えを深めることができましたね」と声を掛けるとよいでしょう。

5 【エピソード集Ⅳ】試行錯誤の時間と相手意識があったとき子どもは本気になる

 ある年，総合的な学習の時間で地域の老人ホームの方と交流をしていたときのことです。

 最初に施設を訪問したときは，施設の方の用意したゲームを一緒にやったり，自分たちが音楽の時間に学習した歌を披露したりしました。

 子どもたちの一生懸命な姿に，お年寄りの方々も喜んでいただき，そんな姿を見た子どもたちもそれぞれ自分なりに達成感を得ているようでした。

 学校に戻ると，「もっと交流がしたい」という声が子どもたちから次々に出てきたので，「どうしたらお年寄りの方と楽しく交流ができるか」というテーマで，学級で話し合いました。

 いくつかの意見の中で，当時学級で流行っていた自分たちでルールを考えたトランプゲームをお年寄りの方と一緒にやってはどうかという意見が出ました。

 自分たちのことを全身で受け入れてくれるお年寄りの方々だから，自分たちが今，夢中になっているものもきっと気に入ってくれるだろうという思いがそこにあったのだと思います。

 話合いでは，ルールが分かりにくいという反対意見が出ていました。賛成した子どもたちは，反対した子どもたちを説得するために，どうしたら一緒に楽しく遊べるか，必死にオリジナルゲームの開発を進めていました。

 その努力の甲斐があって，いくつか交流する一つにそのオリ

ジナルゲームが選ばれました。

　さて，交流当日になりました。1回目の訪問で見通しがもてた子どもたちは，実に生き生きとお年寄りの方々と交流をしていました。充実した時間が流れていきます。

　いよいよ，待ちに待ったオリジナルゲームを一緒にやる時間になりました。しかし，ゲームが始まった途端先ほどの雰囲気とはガラリと変わり，沈んだ空気になりました。各テーブルから，「分からないねぇ」という言葉が聞こえてきます。

　満を持して持っていったゲームは，少しルールが複雑だったようです。子どもたちは必死で教えようとしました。盛り上げようとしました。しかし，やはり難しかったようです。

　時間にして3分という短い時間でした。しかし，子どもたちにとっては，辛く苦しい，長く感じる3分だったと思います。

　学校に戻ってきた子どもたちは，「もうあんな顔は見たくない」と口々に言っていました。

　話をじっくり聞いているとある子どもから，「次，行くときには今日の分も含めてもっと楽しい時間にしたい」という意見が飛び出し，学級全体がやる気に満ちあふれました。

　子どもたちは，ルールを根本的に見直したり，お年寄りが見やすいように画用紙で大きめのトランプを作ったりと，必死でトランプゲームを開発していました。

　子どもたちの工夫は教師の私から見ても，「ここまでするか！」と驚いたのを今でも覚えています。3回目の交流がどうだったかはあえて詳細を言うまでもなく大成功でした。

第6章 子どもたちがじっくり振り返る力を育てる

 振り返りの場面で育てる力

(1) やる気を失う「反省」から，成長するための「内省」へ

子どもたちに「これから○○について振り返りをします」と言うと課題点ばかりがあげられ，まるで活動すべてが悪かったかのようになることがあります。

学校教育がそうなのか，それとも日本人の気質がそうなのか分かりませんが，「振り返り」という言葉や「反省」という言葉からは，「それまでの自分の行動の悪いところを直す」という意味が込められているように感じています。

本来，教師が子どもたちとしたいのはそういったネガティブなものではありません。子どもたち自身もそういったネガティブな時間を進んで過ごそうとは思わないでしょう。

なぜ振り返るかと言えば，自分の成長のためです。そのためには，何より成長への意欲，「やる気」が必要になります。

振り返りをすることによって，自分自身にやる気がみなぎるような，そんな振り返りの時間にしたいものです。

やる気になるような振り返りを行う

　ここでは「振り返り」という言葉を使いますが，一般的には内省という言葉が近いかもしれません。

　内省とは，『大辞林　第三版』に「自分自身の心のはたらきや状態をかえりみること」とあります。

　自己を見つめ，次への方策を考えたとき，その人は次への希望をもてるのではないでしょうか。

(2)　振り返る力≒自分を客観視する力

　では，そのような振り返る力とは一体何でしょうか。

　私は「自分を客観視する力」と考えています。自己を見つめるときに，独りよがりに自分の感覚だけで見つめても，失敗をすることがあります。

　自分を見つめるときは，できるだけ多くの視点や情報から見つめることで，次の日からの問題を解決する力とするのです。

 振り返る力とは，自分を客観視する力

　このように表現すると，子どもたちに他人の目を気にするよう，強いていると感じる方がいるかもしれません。

　そうではなく，様々な視点や情報を自分の中に落とし込み，

そこから自分の生きる道を見つけていくということなのです。

(3) 振り返る力を育てるポイント

①課題に沿って振り返りをする

　振り返る力を育てるためには、課題設定する力が関係してきます。人は意識的にも、無意識的にも目標を立てて、行動します。行動してみて失敗であるならば、目標を修正し、再度行動します。行動してみて成功であるならば、さらに次の目標へと移っていきます。

　例えば、毎週行われる漢字のテストが行われるとします。そのために漢字練習を毎日、ノートに１ページしようと決めます。

　練習の成果があり満足のいく点数がとれれば、さらに翌週行われる漢字テストに向けて取り組みが継続されるでしょう。

　しかし、満足いく結果が得られなかったり、毎日漢字練習を１ページ行うことができなかったりする場合は、「漢字練習を毎日、ノートに１ページしよう」という目標自体を修正する必要があります。

　両者はどちらも切っても切り離せない関係と言えます。

　したがって、振り返りがうまくいかない原因が、課題設定にあることは、よくあることです。第２章「子どもが積極的に問題を発見する力を育てる」を参照していただきながら、課題と振り返りについて考えていただけたらと思います。

 課題設定と振り返りは密接に関係している

②振り返りは心情や葛藤にも目を向ける

　学校教育で言えば，目標を立てることは多くありますが，その目標がどうだったか，振り返ることは少ないように感じています。あったとしても，冒頭に書いたような課題を多くあげるようなものが多いのではないでしょうか。

　子どもたちからやる気を引き出すためには，結果にばかり目を向けた振り返りではなく，子どもたちの心情や葛藤にも目を向けた正直な振り返りが大切でしょう。

　正直に自分を見つめた先に，成長の一歩があるのです。

振り返りは正直に自分を見つめることが大切

③振り返りは友達の力を借りて行う

　正直に見つめると言っても，なかなか難しい場合があります。また「より多くの視点や情報が必要」となったときは，自分の力だけでは難しいこともあります。

　そういったときは，友達の力を借りて振り返りを行います。友達と振り返ることで，自分を客観視できたり今まで気付かなかった自分について，再発見したりすることがあります。

振り返りは，他者の力を借りて行うと，さらに充実する

第6章　子どもたちがじっくり振り返る力を育てる

2 【ワーク集】生活場面で育てる振り返る力

(1) 一度立ち止まって見つめよう！行事の振り返り指導

> 対象学年：全学年
>
> 時　間：5分
>
> ねらい：行事の取り組みについて振り返る活動を通して，自分自身を客観的に見つめる力を育む

概要

行事に向けて取り組む際，自分たちの取り組みについて短時間で振り返る活動を設定します。子どもたちは自分たちの取り組みを振り返りながら，客観視する力を付けます。

流れ

❶教師は「それでは自分の立てた目標について振り返りましょう」と言い，ワークシート（次ページ）を配る。

❷子どもたちはワークシートに「◎，○，△」を記入する。

❸子どもたちはコメント欄に，重点目標と日付を記入する。

❹出来上がった子どもから，友達同士で見せ合い，アドバイスをし合う。

○○○○（行事スローガン）

目標（具体的に）とその理由

※自分の目標とその理由を具体的に記入

○ふり返り

	/	/	/	/	/	/	/	/
○○で取り組むことができたか	○	○	○					
○○できたか								
自分の決めた目標通り行動できたか								

具体的な目標のもと振り返りを行う。

一言日記（最初に日付を記入）

設定した目標が達成されたり，修正したりするので，一言書くようにする。

○ふり返り

名前（　　　　　　　　　　）

指導のポイント

「振り返り」をするためには，具体的な目標を設定しなければいけません。そうは言っても，「慣れていない」子どもにとっては，なかなか「具体的な目標」を立てることができません。振り返りをする中で具体的に目標を立てられるようにしていきます。もし迷っている子どもがいる場合は，一緒に話をしながら目標を設定するといいでしょう。

「自分のできていないこと」にばかり目が行き，自己評価の低い子どもが多くいることでしょう。できていることに積極的に目を向ける中で，課題にも前向きに取り組めるよう，声掛けをしていきます。

また，著しく自己評価が高く「できているつもり」になっている子どももいます。そういった場合は，動画などを撮り「客観的な自分の姿」が見られるようにするといいでしょう。自分の姿としてとらえたとき，新しい目標ができることがあります。ワークシートに書くように促し，次の取り組みに生かしていきます。

振り返りを友達とすることによって，自分で気付けなかった自分に気付きます。積極的に交流させるとよいでしょう。交流するときは，話型やルールを決め，安心して交流できるようにします。振り返りと交流を繰り返すことで，「より成長した自分になりたい」という意欲を高められるとよいでしょう。

評価のポイント

「振り返り」は,その行為自体が目的になりがちです。教師は真摯に反省している姿や次回への意欲を書くように強制してしまいますが,本来の目的は行事への取り組みを通して,自己の成長を確認することです。

実際の活動と振り返りの内容が的確にとらえられている子どもをしっかりと評価していきます。

自己評価と客観的な評価が大きくずれている子どもがたくさんいるような場合は,右記のような観点を別に用意します。これは「自分のあり方」をまず決めるものです。今回の行事で,「自分自身がどうありたいのか」まず決めることで,具体的な行動がそれに見合うものなのか考えやすくします。

評価する際,教師の言葉よりも友達の言葉の方が素直に受け入れることができる場合があります。友達同士で評価し合うような活動を意図的に入れるとよいでしょう。

※本実践は赤坂真二編著『最高のチームを育てる学級目標 作成マニュアル＆活用アイデア』(明治図書,2015)において,「学級目標を年間の行事に位置付ける」として私が執筆しています。興味のある方はご参照ください。

(2) 一日の出来事を一文で！一行日記

- 対象学年：4年生～6年生
- 時　間：5分
- ねらい：一日の出来事を一文で表す活動を通して，振り返ったことを短い言葉で表す力を養う

概要

一日の出来事を振り返り，一文でそれを表現します。子どもたちは短い言葉で振り返ることを通して，その日あった出来事を楽しみながら記録していきます。記録する中で，自分の考えを短い言葉で表す力が養われます。

流れ

❶教師は「今日一日あったことを思い出し，一文で記録していきます。1週間同じテーマを出すので，それに合わせて文章を書きましょう」と伝え，ワークシートを配布する。

❷教師は「（例）今週のテーマは，『一日のうちで一番笑ったこと』です。どんな些細なことでも大丈夫です。それでは書きましょう」と伝え，板書する。子どもたちは，ワークシートに一日を振り返りながら，記入する。

❸教師は「出来上がった人から提出しましょう。もし困っている人がいたら相談にのってあげてください」と伝える。

指導のポイント

　子どもたちがあえて短い言葉にしようとすることで、その日あったことを真剣に振り返ろうとするワークです。書くことに慣れてきたら、「5・7・5のリズムで書く」「漢字一字で表し、その理由を書く」など、書き方を変えると子どもたちはさらに真剣にその日あったことを振り返るようになります。

　書くことが苦手な子どもには、その日の出来事や本人の具体的な姿を伝え、それを言葉にするように伝えます。書くことができたらほめ、振り返りの時間が楽しい時間になるようにしていくといいでしょう。

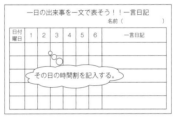

　子どもたちの多くは、その場、その場を全力で生きています。毎日5分だけ、歩みを止め、その日を振り返る時間をとることで、次の日のエネルギーにしてほしいものです。

 ## 評価のポイント

　書く内容の質よりも、一日をじっくり振り返っている姿を見つけ、評価していきます。子どもたちにとっては些細な出来事と思っていることも、言葉にして教師と共有することで「意味のあるもの」となります。そしてそれは次の日からの行動の活力にもなりますし、場合によっては指針となるでしょう。

　振り返りの欄に簡単にコメントを書き、評価をしていくとよいでしょう。

(3) 自分たちでチェック！掃除の振り返り活動

- 対象学年：1年生～6年生
- 時　間：5分
- ねらい：チェックリストをもとに確認する活動を通して，
  一人一人の行動がどうだったか振り返る力を育む

概要

掃除後，反省会を行いその日の掃除について振り返ります。毎回自分や友達の掃除がどうだったかグループで確認する中で，一人一人の振り返る力を育てていきます。

流れ

❶掃除の初めに担当の子どもが「～に気を付けて掃除をしましょう」と大きな声で言い，掃除を始める。

❷司会の子どもは掃除が終わっているのを見計らって「今から掃除の反省会をするので，集まってください」と呼びかけ，第2章「自分たちで見つけられるかな？　掃除の時間の問題点」で示した順序で反省会を進める。

❸チェックリスト（次ページ参照）を確認しながら，自分たちの掃除について◎，○，△で振り返る。できていない場合は，次の日どうすればできるか話し合う。

❹最後に次の日の重点目標を確認し，あいさつをして終わる。

指導のポイント

　まず教師が最低限，子どもたちにできてほしいことをチェックリストにします。主なものは次の通りです。

> □ゴミが落ちていたり，水がこぼれていたりしないか？
> □掃除用具入れはきれいに片づけられているか？
> □その他に困ったことはないか？

　子どもたちは「その他に困っていることはないか？」と聞かれると無理に，自分たちの課題を出そうと必死になります。「ない場合は無理に出さずに次の日も同じように頑張るといいのですよ」と声を掛けていくといいでしょう。
　この活動に慣れてくると，子どもたちは自分たちで振り返りをしながら日々の掃除に取り組むようになります。

 評価のポイント

　子どもたちが日々の取り組みの中で，しっかりと振り返られるよう，基準を明確にします。「ゴミが落ちていないということは，どの程度のことを言うのか」しっかりと共通認識していないと，振り返りができません。その基準について，過度に反省したり楽観的にごまかしたりせず，しっかりと振り返りができている子どもを取り上げ，ほめます。
　子どもたちが自分たちで反省会を運営しだしたらその姿を評価し，見守るといいでしょう。

3 道徳の時間で子どもたちと対話しながら育む振り返る力

(1) 全授業の中で最も振り返りを重視する道徳の時間

　授業を行う各教科・領域の中で，最も「振り返り」を重視するのは，道徳の時間と言っていいのではないでしょうか。特別活動の時間もまた振り返りの時間はかなり重視しますが，「毎回」「一定の時間を確保」することを考えたら，「為すことで学ぶ」特別活動より，道徳の時間の方がより「振り返り」が重要な時間であると言っていいでしょう。

　道徳の時間は，子どもたちが道徳的な価値を自分とのかかわりで理解し，自己を見つめ自己の考えを深める時間です。自己を見つめる際，必然的に自分の行動を振り返ることになります。

(2) 教師の姿勢が振り返りを充実させる

道徳の授業のオーソドックスな形として，

　　導入：普段の実生活から本時の課題をつかむ
展開前段：資料の登場人物の心情や葛藤に注目しながら，
　　　　　価値を追究する
展開後段：追究した価値をもとに，自分自身を振り返る
　　終末：追究した価値を確認し，その後の生活に意欲を
　　　　　もつ

というものがあります。

　こういった流れの中で一番多い悩みは,「展開後段の振り返りがうまくいかない」ということではないでしょうか。

　展開後段で子どもたちが自分のことをじっくりと見つめ,これからのことを考えるためには,それまでの授業の流れが充実していなければなりません。そういった意味では,道徳の時間が充実していたかどうかは,展開後段を見れば一目瞭然であると言えるでしょう。

　それなりに展開前段が充実した際,展開後段では教師の姿勢が問われていると感じています。つまり,あらかじめ望まれるような「解答通り」に答えさせようとすればするほど,道徳の時間は白々しい空気が流れ,子どもたちが美しい人間を演じる時間になってしまうでしょう。

　子どもたちの多くは,「そんなこと考えてもいなかった」ことを道徳の時間を通して,はっきりとした言葉にして学んでいきます。展開後段では子どもたちの考えをすべて受け入れる姿勢で聞くことが大切です。そうすることで,子どもたちは自分のことを正直に振り返ることができるでしょう。

 教師は展開後段で子どもの考えを受け入れる姿勢で聞く

(3)　子どもたちと対話しながら振り返りを深める

　展開前段で価値を追究していた子どもが自分のことを考える

中で，飛躍した考え方になってしまい，方向を修正する必要のあるときがあります。そんなときはいくつか質問をしながら，その子どもがしっかりと自分を見つめられるようにします。

その際，対等な立場になったつもりで質問していくと，子どもたちもまた，答えやすいでしょう。

またあまりうまく振り返ることができず，表面的に振り返る子どももいると思います。そんなときは導入の際取り上げた具体的な場面を取り上げ，「○○な場面で今まであなたはどうしていましたか？」「そのとき迷いませんか？」と問いながら，振り返りをしていくとよいでしょう。

 子どもたちと対話しながら，振り返りをする

それでも「模範解答」に終始してしまう子どもがいると思います。子どもたちのそれらは，その場では嘘偽りない本当の気持ちなのだと思います。普段の実生活の中で適宜声掛けをしたり，特別活動の時間を利用して「どのように行動するといいのか」考えたりするといいでしょう。

※道徳の時間の指導方法については，各地，各団体で様々な研究がなされ，オーソドックスな形から離れた指導方法の研究もされています。ここではそういった「画期的な指導法」を模索するのではなく，オーソドックスな方法の中で「振り返り」をどう充実させるか，基本的な考え方を示しました。

「体育の授業で何ができたかな？」学習カードで振り返ろう

(1) 最後に振り返ることで次時に意欲をもつ

子どもたちによっては，体育の学習カードに「何を」振り返っていいか迷うことがあります。学習カードの裏面に振り返る視点を明記し，それをもとに振り返られるようにします。子どもたちは視点を明確にして振り返ることで，次時の学習を意欲的に取り組むようになります。以下のようにして取り組みます。

---

① （体育の活動終了時）教師は「それでは今から，学習カードに振り返る内容と今日の学習で学んだことを書きましょう。書くことに迷ったら，裏に『技のポイント』が書いてあるので見るといいでしょう。それでは始めてください」と伝える。子どもたちは，学習カードを記入する。

② 教師は「それでは学習カードに書いたことを発表しましょう」と伝え，子どもたちの考えを聞く。

③ 教師は「自分のめあてをしっかりともって振り返ることができていましたね。次からも続けて，自分の力にしていきましょう」と伝える。

次ページに，３年生・跳び箱運動の学習カードの参考例を載せました。

とびばこうん動　～ピタッと着地！スマイルとびばこ～

名前 _____

①スリージャンプ　②支持前進（しじぜんしん）　③うさぎとび　④開脚とび（かいきゃく）
⑤かかえこみとび　⑥台上前転（だいじょうぜんてん）

	月　日	月　日	月　日	月　日	月　日
とり組んだわざ					
先生や友だちからのアドバイス					
気をつけたこと					
安全にうん動できた	◎ ○ △	◎ ○ △	◎ ○ △	◎ ○ △	◎ ○ △
友だちと教え合いながら、練習できた	◎ ○ △	◎ ○ △	◎ ○ △	◎ ○ △	◎ ○ △
とり組んだわざでピタッと着地できた	◎ ○ △	◎ ○ △	◎ ○ △	◎ ○ △	◎ ○ △

取り組む技	技のポイント
①こし上げ	・両手でからだを支えて、こしを高く上げる ・「**こし高く**」　・「**もみじの手**」
②支持前進（しじぜんしん）	・台のはじからはじまで移動する ・「**もみじの手**」　・「**はじからはじまで**」
③うさぎとび	・手より足が前につくようにする。 ・「**もみじの手**」　・「**足は手より前にピタッ**」 ・「**手をふんばってゆかをギュッ**」
④開脚とび	・「**トン、ドン、ギュッ、ピタのリズム**」 ・「**片足でトン**」・「**両足でドン**」・「**こしを高く**」 ・「**もみじの手でギュッ**」　・「**着地でピタ**」 ・「**手は台の前の方につく**」　・「**つま先をのばす**」
⑤かかえこみとび	・「**トン、ドン、ギュッ、ピタのリズム**」 ・「**こしを高く**」・「**片足でトン**」・「**両足でドン**」 ・「**もみじの手でギュッ**」　・「**着地でピタ**」 ・「**ひざをももにつける**」 ・「**手は台の前の方につく**」　・「**つま先をのばす**」
⑥台上前転（だいじょうぜんてん）	・「**トン、ドン、ギュッ、クル、ピタのリズム**」 ・「**片足でトン**」　・「**両足でドン**」 ・「**もみじの手でギュッ**」・「**あごをひいてクルッ**」 ・「**着地でピタ**」　・「**手は自分の近くにつく**」 ・あごをひいて、体を丸めて回る・「**おへそ見て**」

(2) 学習カードを見ながら、子どもの思いを受け止める

体育の学習時、めあてをもって学習に取り組む子どもがいる一方で、自分の課題をとらえきれない子どももまたいると思います。もちろん課題をしっかりと把握させるために、手立てを講じることは大切です。しかし、学習カードに毎回書く中で、その子どもの中に意識化されることもあります。

子どもが書いている内容を見ながら、その子どもに次時のような助言をしようか考えるといいでしょう。

(3) 単元全体を通して、目標と振り返りを評価する

子どもが的確に自分の課題をとらえているか評価します。とらえていない場合は裏面にある「技のポイント」を参考にしながら子どもたちと、課題について確認します。

「毎回の学習カードを評価する」ということではなく、「単元全体を通して、どのように目標を立て振り返りをしたか」という広い視点で評価するといいでしょう。

単元全体を通して、目標と振り返りを評価する

また学習カードに書く中で、子どもたちの意識が集中し、友達と技を見合う質が高まります。友達に的確なアドバイスをしている姿を見つけ、評価することで自分の技に生かされていくでしょう。

5 【授業の方法】授業の振り返りの観点をそろえて成長を感じる

(1) それぞれの学習によってバラバラな振り返りの観点

　学習の最後に，本時を振り返って「感想」を書くことがあると思います。振り返りを書くときに，「学習をしてみてどのように感じたか」「疑問に思ったこと」「他の教科で友達の考えと自分の考えを比べる」など，それぞれの学習において意図なくバラバラの取り組みをしているところを多く見かけます。

　それぞれの教科・領域の取り組みを1つにして振り返ることで，子どもたちはいつも同じ観点で振り返ることができ，成長を感じることができるでしょう。以下の方法で取り組みます。

---

①教師は「今日学習した感想をノートに書きましょう。感想は黒板に掲示したもので書きます」と伝え，黒板に以下のような画用紙を掲示する。

②子どもたちは黒板に掲示されたものを見ながら感想を書く。

③教師は「それでは書いた感想を発表しましょう」と伝え，子どもに発表させる。

・自分から進んで学習に参加したか
・友達と協力して学習することができたか
・今日の学習が分かったか

(2) 視点に沿って書くことができているかがポイント

　先ほど例にあげた振り返りの視点はあくまで例です。授業の中で、「主体的な学び」「対話的で深い学び」について振り返りたいときはその視点で振り返るとよいでしょう。

　その他にも、「学級目標の視点で振り返る」「問題解決的な学習の視点で振り返る」など、様々な方法があります。

　振り返る際は「自分から進んで学習に参加した」というような、掲示した視点そのままではなく「自分から何を進んで行ったか」書くとよいことを子どもたちに伝えます。また視点別に箇条書きに書くのではなく、文章の中で３つの視点が入っているかどうか、確認しながら書くことを伝えます。

　書いたものはなるべく発表する時間を確保し、教師がクラスに広めたい考え方にはその場でコメントをしていきます。

　教師はノートに書いた振り返りが、掲示した視点と合っている子どもを評価します。特に具体的にどんなことを行ったか、そのときの気持ちはどんなだったか書けている子どもを見つけ、ほめていき、考え方や書き方を共有します。

　授業の最後に、「今日は友達の意見をしっかりと聞き、自分の意見と比べることができていましたね」「自分から積極的に友達に話しかけ、分かるようになろうとしていましたね」など、教師が見つけた子どもたちの姿を伝えることで、子どもたちはさらに次からの学習が意欲的になるでしょう。

6 【エピソード集Ⅴ】教師にとって大切なことを気付かせてくれた卒業文集

卒業文集は小学校生活を文章として綴る，小学校生活で一番の振り返りです。ある子どもが，こんな文章を書きました。

私は，1年生のころ学校に行くのが嫌いでした。学校に行ってしまえば別に嫌ではなかったけれど，行くまでが嫌で，毎日緊張していました。

緊張している私にいつも話しかけてくれた同じ登校班の6年生のお姉さんがいました。そのお姉さんはたしか，私が靴箱に着くまで話しかけてくれました。

そのお姉さんが卒業してからは普通に楽しく学校に行けるようになっていました。

学年が上になっていくにつれて低学年の面倒を見るようになって「6年生になったら1年生の面倒を見るんだな」と6年生になるのを楽しみにしていました。

しかし，6年生はすごく大変でした。「全校のため」がとにかく多い，しかも1年生とはなかなか仲良くなれないし，なんとか笑わそうとしたけれど，あまり笑ってくれません。でも，たまに1年生から手紙をもらい，「ありがとう」と書いてあって嬉しかったです。優しくすれば「ありがとう」と必ず返ってくるというのが分かりました。

この子どもは，その後，自分がたくさんの人たちに支えられ

て今の自分があることに思いをはせていきます。

　私はこの文章を読んだとき，心が震えました。職員室では，周りでたくさんの同僚が働いています。にもかかわらず，うっすら涙を浮かべていました。もし，一人きりの場所でこれを読んでいたら，号泣していたと思います。

　この文章を読んだとき，私はその子どもの様々な姿が浮かびました。1年生に一生懸命接する姿，運動会という行事を盛り上げるために自分の担当の係に責任をもって取り組む姿，行事が立て続けに行われていて，クラスが少し落ち着かなかったときクラスを盛り上げようと学級集会を企画した姿……，数えればきりがないくらいあげられるその姿が走馬灯のように頭を駆け巡り，そして心震えたのです。

　担任として「子どもたちに何かをしてあげられたか？」と言えば，決して満足に何かをしてあげられたと言えなかった1年間だったと思います。しかし，子どもがそういった文章を書いたとき，たくさんの時を一緒に過ごし，汗を流したこと，そして何もできなかったかもしれないが，その子どもたちのことを見つめ，励ますことをしていたということは，胸を張って言えます。

　青臭いかもしれませんが，教師という職業はそういう職業なのかもしれません。子どもと一緒に過ごし，一緒に笑い，一緒に泣く，一緒に悲しみ，一緒に喜ぶことが，簡単なようでもしかしたら一番難しいことなのかもしれません。

　この卒業文集はそんなことを私に気付かせてくれ，そしていつも私自身を振り返るときに思い出されるエピソードです。

おわりに

　長い間,「自ら考え,行動し,他者と問題を解決できる力」をどのようにして育てていけばいいか,考えてきました。

　教科・領域の研究が,子ども個人の変容を追うのに対し,学級づくりは,集団を対象とするだけにどのように変容したのかとらえるのが非常に難しいと感じています。

　その方法は,専門的な知識と検査で集団を分析するか,集団も個人の変容の集積としてとらえ,徹底して個人の変容を追っていくというものが主流であると認識しています。どちらの方法も,普通の教師がコツコツと研究を重ねるようなものではないでしょう。

　今,巷にあふれている学級づくりの実践の多くは,その教師の主観によるものが多く,しっかりと研究されたものは少ないように感じています。だからこそ,それらは魅力にあふれ,そして現場の教師を救う力があるのかもしれません。

　もちろん学級づくりを研究レベルまでに高め,しっかりと発信されている方もいらっしゃることは承知しています。

　「自治」という考え方もまた,つかみどころのないものだと感じています。「自治的なクラス」と表現したとき,「自治的な」の部分には,受け手それぞれの解釈が自然と滑り込んできます。一人一人によってイメージも受け止め方もその方法もバラバラであるのです。

　また「自治」という言葉を聞くと,政治的な匂いを感じる方

や地域の自治会をイメージする方などがいて、一般的に受け入れられることはないのかなとも思っていました。

「自ら考え、行動し、他者と問題を解決できる子どもを、どうやったら育てられるか」という問題意識のもと仲間とつくったサークル「自治的能力向上研究会」も、そういったイメージを意識しながら、半ば冗談半分に命名しました。

しかしサークル活動を続けるうちに、自分たちが感じていたよりも学校現場の先生方の「自治的集団づくり」へのニーズは高いことが分かってきました。

同じ職場の同僚や、民間セミナーで出会う経験年数の浅い先生方からよく受ける質問は、「自治ってなんだかとてもよいというのは分かるのだけれど、具体的な姿が見えてこない」というものです。

教師がどうかかわり、子どもたちの何を見取り、そして評価していけばいいのか、その方法が知りたいと彼らは言うのです。

そして丁寧に説明すると、これも決まって「松下先生はそうやって子どもたちのことを見ていたのですね」と返ってきます。質問をした多くの先生方は、私の方法よりも子どもたちを見る視点に納得を得るようでした。

そんなやりとりをしている中で、これは真剣に「自治」の実態をしっかりとつかまなければいけないなと思っていた矢先に、本書『自治的集団づくり入門』の企画をいただきました。

まだまだ思考は浅く、実証性という観点からも研究しているとは呼べない段階ですが、今まで私なりに積み上げたものをまずは形にしました。

第1章にも書きましたが本書は「入門書」ですので，実践は非常に初歩的なものを集めました。全国には素晴らしい実践をお持ちの先生方がたくさんいらっしゃいます。それらの先生方へと通じる第一歩，足掛かりになればと思います。

　これを機会に，自治的集団づくりへの関心がさらに高まり議論され，そして子どもたちの未来が少しでも明るいものになればと思います。

　本書を書くにあたって，尾下彰氏，秋山義紀氏（教育サークル「あっちこっち journey」代表）の2名には企画の相談にのっていただきました。彼らの子どもたちへの思い，教室での自治への要望にヒントを得て，この本を構成することができました。この場を借りて感謝をお伝えしたいと思います。ありがとうございました。

　最後に本書執筆の機会をつくってくださった堀裕嗣先生に感謝を申し上げます。また明治図書の及川誠さんには，本書執筆にあたりご尽力をいただきました。本当にありがとうございました。

　　　　　　　　　　　　　　　　　　　　　　　松下　崇

【参考文献】

- 赤坂真二著『赤坂版「クラス会議」完全マニュアル　人とつながって生きる子どもを育てる』ほんの森出版，2014
- 赤坂真二編著『いま「クラス会議」がすごい！』学陽書房，2014
- 赤坂真二編著『学級を最高のチームにする極意シリーズ　最高のチームを育てる学級目標　作成マニュアル＆活用アイデア』明治図書，2015
- 赤坂真二編著『学級を最高のチームにする極意シリーズ　アクティブ・ラーニングで学び合う授業づくり　小学校編』明治図書，2016
- 赤坂真二編著『クラスを最高の雰囲気にする！目的別学級ゲーム＆ワーク50』明治図書，2015
- 赤坂真二編著『クラスを最高の雰囲気にする！目的別朝の会・帰りの会アクティビティ50』明治図書，2016
- 赤坂真二著『スペシャリスト直伝！　成功する自治的集団を育てる学級づくりの極意』明治図書，2016
- 岩下　修『AさせたいならBと言え―心を動かす言葉の原則―』明治図書，1988
- 大前暁政著『なぜクラスじゅうが理科を好きなのか―全部見せます小３理科授業』教育出版，2009
- 大前暁政著『なぜクラスじゅうが理科に夢中なのか―全部見せます小５理科授業』教育出版，2010
- 多賀一郎著『ヒドゥンカリキュラム入門―学級崩壊を防ぐ見えない教育力―』明治図書，2014
- 多賀一郎著『クラスを育てる「作文教育」　書くことで伸びる学級力』明治図書，2015
- 竹田文夫著『子どもの鉛筆が止まらない！　学級づくりの核になる日記指導の極意』明治図書，2013
- 西村健吾著『スペシャリスト直伝！　子どもの心に必ず届く言葉がけの極意』明治図書，2015
- 野中信行著『学級経営力を高める３・７・30の法則』学事出版，2006
- 野中信行著『新卒教師時代を生き抜く心得術60〜やんちゃを味方にする日々の戦略〜』明治図書，2007
- 野中信行著『新卒教師時代を生き抜く学級づくり３原則』明治図書，2011
- 福山憲市著『全員が喜んで書く！　作文指導のネタ事典』明治図書，

2016
- 文部科学省『小学校学習指導要領解説　国語編』東洋館出版社，2008
- 文部科学省『小学校学習指導要領解説　社会編』東洋館出版社，2008
- 文部科学省『小学校学習指導要領解説　算数編』東洋館出版社，2008
- 文部科学省『小学校学習指導要領解説　理科編』大日本図書，2008
- 文部科学省『小学校学習指導要領解説　体育編』東洋館出版社，2008
- 文部科学省『小学校学習指導要領解説　道徳編』東洋館出版社，2008
- 文部科学省『小学校学習指導要領解説　特別活動編』東洋館出版社，2008
- 文部科学省国立教育政策研究所教育課程研究センター指導資料「楽しく豊かな学級・学校生活をつくる特別活動小学校編」2014
- 松村　明・三省堂編修所編『大辞林　第三版』三省堂，2006

【著者紹介】

松下 崇（まつした たかし）

1979年横浜市生まれ。横浜市小学校教諭。「教室に自治を‼」を合い言葉に，2013年より自治的能力向上研究会を仲間と共に結成し，活動。自身も悩み苦しむ若者の一人であったが，学級づくりを中心に学び続け，学校現場で日夜全力投球中。
著書に，『学級を最高のチームにする！365日の集団づくり　6年』，共著に，『思春期の子どもとつながる学級集団づくり』『THE 保護者対応～小学校編～』『自ら向上する子どもを育てる学級づくり　成功する自治的集団へのアプローチ』（以上，明治図書）などがある。

THE 教師力ハンドブックシリーズ
自治的集団づくり入門

2017年3月初版第1刷刊　Ⓒ著者　松　下　　　崇
発行者　藤　原　光　政
発行所　明治図書出版株式会社
http://www.meijitosho.co.jp
（企画）及川　誠(校正)及川　誠・関沼幸枝
〒114-0023　東京都北区滝野川7-46-1
振替00160-5-151318　電話03(5907)6704
ご注文窓口　電話03(5907)6668

＊検印省略　　　　　組版所　藤原印刷株式会社

本書の無断コピーは，著作権・出版権にふれます。ご注意ください。

Printed in Japan　　　　　ISBN978-4-18-144714-4
もれなくクーポンがもらえる！読者アンケートはこちらから →

スペシャリスト直伝！ 実物資料編
小学校クラスづくりの核になる
学級通信の極意

西村 健吾 著

140枚以上の実物で365日の学級通信づくりがわかる！

1年間クラスづくりの核になる学級通信を，4月〜3月の月ごとに解説を加えて実物収録。学級づくりの内容だけでなく，授業づくりや季節毎の行事に関わるものも加え，色々な場面で活用できる学級通信を140枚以上収録しました。365日の学級通信づくりに必携の1冊です！

B5判 168頁
本体価格 2,000円+税
図書番号 2092

国語科授業づくり
10の原理・100の言語技術
義務教育で培う国語学力

堀 裕嗣 著

国語授業づくりで使える原理と言語技術を領域別に解説

「言語技術」と「言語感覚」を分けて考えることで，国語科授業づくりは革命的に変わる！国語科の授業づくりで使える10の原理と100の言語技術を体系的にまとめました。「話すこと」「聞くこと」「書くこと」「読むこと」の領域別に解説した授業づくり必携の書です。

A5判 184頁
本体価格 2,400円+税
図書番号 2091

学級を最高のチームにする！
365日の集団づくり 1年から6年

赤坂真二 編著

学級づくりの必読書

【図書番号・2501〜2506】
A5判 144〜160頁
本体価格 1,600円〜1,700円+税

★発達段階に応じた学級づくりの秘訣を，具体的な活動で紹介。
★「学級づくりチェックリスト」で学級の状態をチェック！
★学級づくりで陥りがちな落とし穴と克服の方法も網羅。

365日で学級を最高のチームにする！目指す学級を実現する月ごとの学級づくりの極意。スタートを3月とし，まず学級づくりのゴールイメージを示して，それを実現するための2か月ごとに分けた5期の取り組みをまとめました。1年間の学級経営をサポートする，必携の1冊です。

明治図書　携帯・スマートフォンからは **明治図書ONLINE へ**　書籍の検索，注文ができます。▶▶▶

http://www.meijitosho.co.jp　＊併記4桁の図書番号（英数字）でHP，携帯での検索・注文が簡単に行えます。

〒114-0023　東京都北区滝野川7-46-1　ご注文窓口　TEL 03-5907-6668　FAX 050-3156-2790

＊価格は全て本体価格表示です。